●●●○○ 大明通信 100 %

我家代代是奇葩（29）

历史太好玩了！

古代帝王群聊

明朝篇2

胥渡 / 著　姜东星 / 绘

哈尔滨出版社
HARBIN PUBLISHING HOUSE

新登场人物图鉴

懿文太子
朱　标

朱元璋长子　深受朱元璋宠爱
儒雅仁慈　考察关中　壮年病逝

弘光帝
朱由崧

万历帝爱子福王朱常洵的长子
建立南明政权
沉湎酒色　被清军俘虏并杀害

隆武帝
朱聿键

南明第二帝　喜欢读书　口碑好
赐郑成功国姓
被清军俘虏后绝食而亡

永历帝
朱由榔

万历帝之孙　南明末帝
据西南抗清　逃亡缅甸
被吴三桂派人杀害

陈汉开国皇帝

陈友谅

出身渔家子　元末群雄之一

鄱阳湖之战中箭身亡

魏国公

徐　达

明朝开国功臣　善治军

率兵攻入元大都

女儿是朱棣的皇后　配享太庙

新建伯

王阳明

思想家　文学家　军事家

心学集大成者

龙场悟道　平定宸濠之乱

右都御史

海　瑞

清廉　刚正　“海青天”

上《治安疏》，被嘉靖帝关押

少保

于　谦

军事家　政治家　民族英雄

光明磊落　土木之变后力挽狂澜

被朱祁镇冤杀

蓟州总兵

戚继光

民族英雄　军事家　抗倭名将

创建戚家军　《纪效新书》

目录

壹

洪武帝重启明朝群聊：

朱标进群，朱棣失宠

●●●○○ 大明通信　　100%

〈　我家代代是奇葩（20）　···

朱元璋

一眨眼秋天了，咱们不能闲着！得发挥咱们老朱家的农民本色。

朱元璋

孩子们，都扛起镰刀跟我收地去！

“朱棣”邀请“朱高煦”加入群聊

朱高炽

爷爷，咱家早就转行当皇帝了，哪还种着地呀?

朱瞻基

爸爸，太爷爷说的收地可不是简单的割麦收地。

朱元璋

咳！

朱瞻基

再说了，自古以来，天子都有御田，咱就当是运动锻炼身体了！

●●●○○ 大明通信　　100%

我家代代是奇葩（20）

朱高炽

顺便让你的蛐蛐也运动运动是吗？@朱瞻基

朱元璋

对！不运动就发胖！

朱高煦

看看@朱高炽 都胖成什么样了！

朱高炽

朱瞻基

@朱高煦 二叔，咱们朱家是真龙天子，胖了也是发福的龙！

朱高炽

群里的男同胞除了我二弟不都是朱家的真龙天子嘛！咱们大明可是出现过五龙同朝的！

●●●○○ 大明通信　100%

我家代代是奇葩（20）

朱祁钰

五龙同朝？不对吧，咱们大明也就我哥朱祁镇不争气当了太上皇。

朱祁镇

朱祁钰你是不是有病，我没惹你吧？

朱见深

二叔景泰帝确实是病死的！

朱祁钰

……

朱高炽

别闹，我说的五龙同朝是至少在洪武二十五年之前，爷爷洪武帝，建文帝，爸爸永乐帝，还有我同时活着的时候。

朱棣

那也只有四个啊？

●●●○○ 大明通信　　100%

我家代代是奇葩（20）

朱允炆

四叔怕是忘了，我爸爸朱标也是皇帝，明兴宗孝康皇帝。

朱棣

那是你追封的，我可不认账！

朱元璋

我呸，标儿当皇帝还要你这个乱臣贼子认账？

朱棣

爸爸，我不是这个意思，主要是明朝十六帝里就没有大哥啊！

朱祁镇

可以把朱祁钰踢掉，换孝康皇帝！

朱祁钰

看到了吧，朱祁镇不让我进明十三陵，现在还要把我踢出明朝十六帝！

大明通信 100%

我家代代是奇葩（20）

朱祁镇

朱厚熜

真要换人的话，换成我爸睿宗献皇帝也不是不可以！

朱元璋

你给我滚一边去！

朱厚熜

……

朱厚照

就是，老道士臭不要脸！

朱厚熜

你个后继无人的闭嘴！

朱厚照

●●●○○ 大明通信　　100%

我家代代是奇葩（20）

朱允炆

四叔，司马炎那种人还知道追封自己的伯父，你怎么就不追封自己的哥哥?

朱棣

我学孙权的。

朱元璋

孙权？给我看坟的那个?

朱棣

爸爸，人家好歹也是东吴大帝。

朱元璋

那又怎样？谁让他的墓在我家明孝陵里。

朱允炆

我听说皇爷爷您在建造孝陵，下令迁六朝陵墓时说过，孙权也是一条好汉，就让他给您守门。这是真的吗?

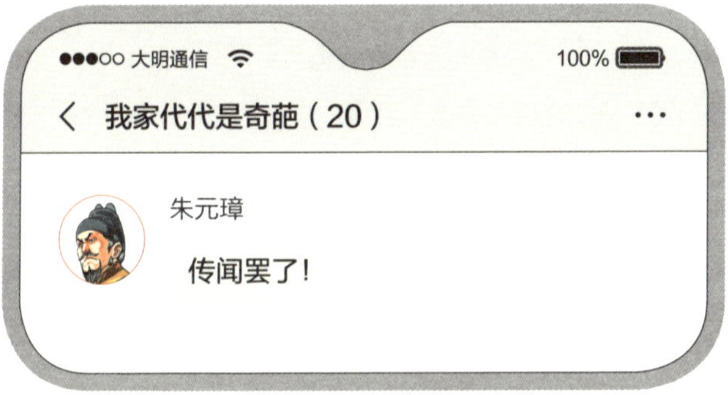

敲黑板

中国历史上的皇帝大多出身高贵，秦始皇的祖先世代为秦国国君，隋文帝、唐高祖的祖先也都在西魏北周两朝身任要职，辽、金、元和清朝等少数民族政权，其开国君主也大多出身部落酋长。而明朝开国皇帝朱元璋，出身贫寒，祖先世世代代以务农为业。

古代有帝王亲自耕田的习俗，以示天子关心农耕事业，是为“亲耕”，又称“耕耤礼”。《礼记》记载“昔者天子为藉千亩，冕而朱纮，躬秉耒”。民间俗语“一亩三分地”就起源于明朝天子

的御田。

🔈　朱元璋当皇帝后给自己的四代祖先都追封了帝位：德祖玄皇帝朱百六，懿祖恒皇帝朱四九，熙祖裕皇帝朱初一，仁祖淳皇帝朱五四。明朝其他被追封的有兴宗孝康皇帝朱标（建文帝朱允炆的父亲），睿宗献皇帝朱祐杬（嘉靖帝朱厚熜的父亲）。

🔈　司马炎建立晋朝后追封爷爷司马懿为晋宣帝，伯父司马师为晋景帝，父亲司马昭为晋文帝；孙权建立东吴后，追封自己的父亲孙坚为武烈皇帝，却很“吝啬”地只给了兄长孙策一个长沙桓王的称号。

🔈　孙权的陵墓蒋陵位于南京市玄武区紫金山南麓明孝陵景区内。民间传说，明太祖建造孝陵时，下令迁移孝陵选址地附近的墓冢，但此地已经有孙权的陵寝了，明太祖说：“孙权也是一条好汉，就让他给我守门吧。”因此孙权陵寝和明太祖孝陵比邻。

●●●○○ 大明通信　100%

〈 我家代代是奇葩（21） …

朱元璋

允炆哪，我想你爸了，你给我把他拉进来！

“朱允炆”邀请“朱标”加入群聊

朱标

爸爸，允炆！

朱元璋

啊，老大，我可想死你了！

朱棣

大哥，爸爸说他想你死了！

朱标

我刚进群，你能不能说点好听的？

朱棣

好的，你死了爸爸很想你！

朱标

……

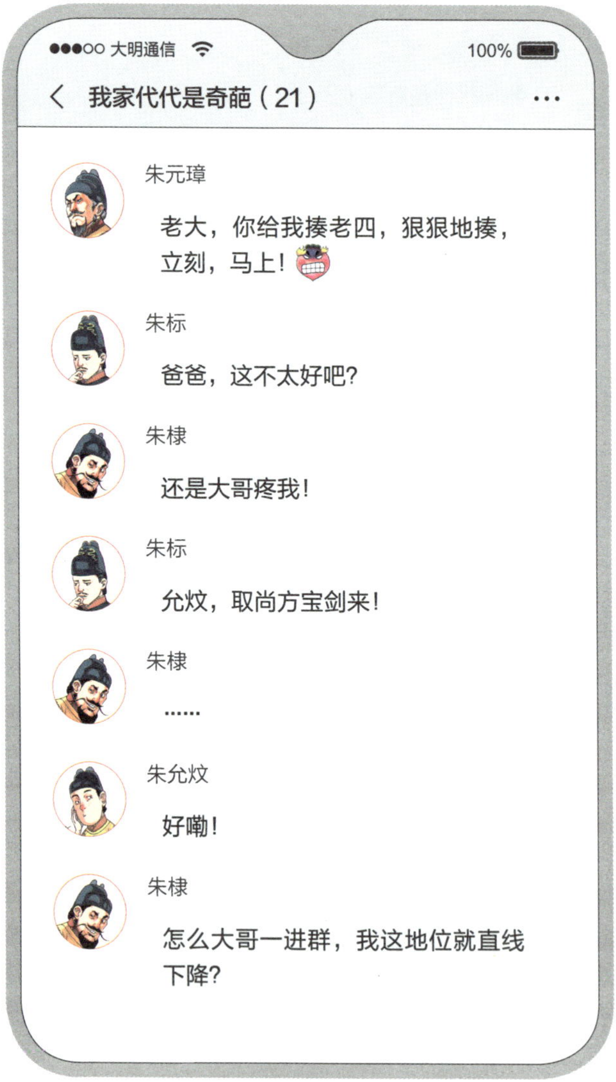
●●●○○ 大明通信
100%
我家代代是奇葩（21）
朱元璋
老大，你给我揍老四，狠狠地揍，立刻，马上！
朱标
爸爸，这不太好吧？
朱棣
还是大哥疼我！
朱标
允炆，取尚方宝剑来！
朱棣
……
朱允炆
好嘞！
朱棣
怎么大哥一进群，我这地位就直线下降？

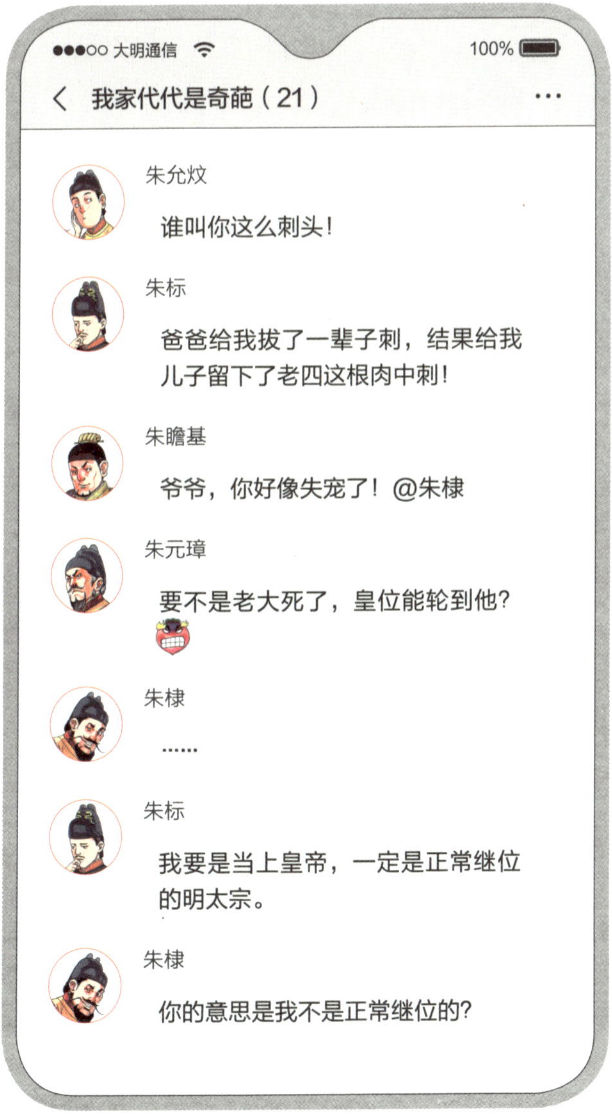
●●●○○ 大明通信
100%
我家代代是奇葩（21）
朱允炆
谁叫你这么刺头！
朱标
爸爸给我拔了一辈子刺，结果给我儿子留下了老四这根肉中刺！
朱瞻基
爷爷，你好像失宠了！@朱棣
朱元璋
要不是老大死了，皇位能轮到他？
朱棣
……
朱标
我要是当上皇帝，一定是正常继位的明太宗。
朱棣
你的意思是我不是正常继位的？

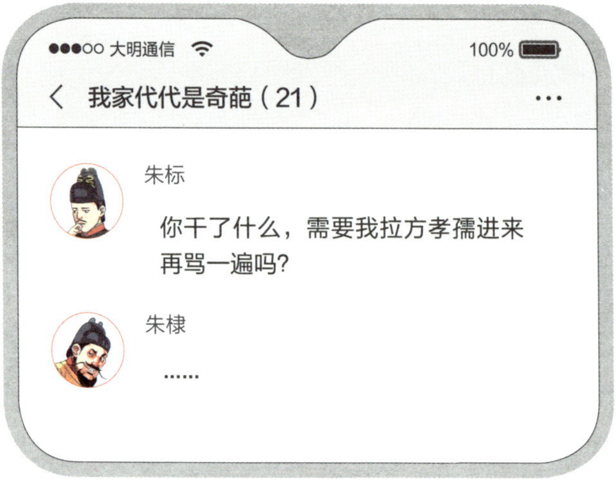

敲黑板

朱标是朱元璋的嫡长子。据说朱标为人宽厚，而朱元璋执法严苛，甚至有些残酷，二人执政理念不同。有个真实性存疑但流传很广的故事，说朱元璋曾召见朱标，让他徒手清理掉荆棘上的刺，朱标表示很难做到，朱元璋则狠狠地捋光了刺，弄得满手是血，并教训朱标说：“我今天除掉这些为非作歹的功臣，就是为了你以后不再受荆棘之苦。”

方孝孺，字希直，明朝初期大臣，儒林领袖。朱允炆即位后，方孝孺任翰林侍讲，受到重用。燕王朱棣起兵南下之时，朝廷的诏令、檄文皆出于方孝孺之手。建文四年（1402年），燕王朱棣攻破京城应天府，方孝孺拒不投降，朱棣希望他能来草拟自己的即位诏书，但方孝孺始终不屈，最终被杀。

●●●○○ 大明通信　　100%

我家代代是奇葩（21）

朱祁镇

怎么我们读的史书，记载的是“懿文太子以柔弱牵制文义，不称太祖意”“懿文太子所为多失道，忤太祖意”这些话。

朱元璋

Judy，老子不用想都知道是你干的好事！

朱棣

！！！

朱允炆

四叔篡位成功后，使劲往我爸身上泼脏水。

朱标

老四，错付了，大哥白疼你了。@朱棣

朱棣

大哥，你对我好也没啥用，当君王要的是威震天下，不是妇人之仁。

●●●○○ 大明通信　　100%

我家代代是奇葩（21）

朱标

我那是仁德，不是软弱！爸爸选最好的文人给我当师父，让大臣奏事都向我汇报，拼了命地加强我的权威。

朱棣

爸爸给我元大都作为封地，让我娶了开国第一功臣徐达的女儿，难道不是另有深意?

朱标

爸爸的意思是让你好好当兵，看着北疆，大都房子够住，别回来。

朱棣

……

朱厚熜

二龙相争，必有一伤！还好我大明没有玄武门之变那样的惨剧。

朱祁钰

什么门之变? @朱祁镇

●●●○○ 大明通信
100%
我家代代是奇葩（21）
朱祁镇
你滚！
朱高炽
唐太宗李世民在历史上好评如潮，还免不了弑兄杀弟，我爸爸虽然用他的方式当了皇帝，但也创造了辉煌的成就！
朱标
永乐盛世的功劳，也有一半是你朱高炽的。
朱高炽
谢谢，大爷夸我，我还是爱听的！
朱高煦
永乐盛世是我爸爸缔造的，跟我大哥有啥关系？

●●●○○ 大明通信　100%

我家代代是奇葩（21）

朱标

我听说靖难起兵的时候，朱高炽坐镇后方守卫北平，永乐六年以后，朱高炽又监国理政，处理内务。老四天天不着家，永乐盛世还能平稳运行，还不是多亏了朱高炽的呕心沥血。

朱高炽

是啊，我都把自己熬死了——干着皇帝的活，却没皇帝的命！

朱常洛

没事，洪熙皇帝，您的命至少比我好10倍。

朱高炽

敲黑板

明朝初期，蒙古边患仍然存在，朱元璋分封儿子们戍守边关和国内要地。其中边塞诸王坐拥兵权，实力强劲，被称为“塞王”，包括韩王、沈王、辽王、宁王、齐王、燕王、谷王、代王、晋王、安王、秦王、庆王、肃王等，史书称其“莫不敷险隘，控要塞，佐以元戎宿将，权崇制命，势匹抚军，肃清沙漠，垒帐相望”。其中秦王、晋王和燕王分别驻守陕西、山西和北平，承担着保卫中原北大门的重要任务。燕王朱棣格外受到偏爱，他获得的封地是元朝的大都，而他的妻子也是开国名将徐达之女，多年的军旅生活促成了朱棣强悍个性的养成。

明末清初学者谷应泰这样评价朱高炽：“考成祖巡幸顺天，亲征漠北，驾凡五出，年垂二纪。中间大官大邑，虽多启闻，而庶政庶狱，咸就谘决。名为储位，实则长君；名为监国，实则御宇。故人以仁宗之祚短，而予以仁宗之沛泽长也。”在他的

观念里，明成祖朱棣长期在外征战，作为太子的朱高炽主持内政，从永乐六年到永乐二十二年，前后监国六次，不仅保证了明朝政权的平稳运行，还培养起了仁宣之治时期的人才班底。

●●●○○ 大明通信　100%

我家代代是奇葩（21）

朱高炽

我投我大爷懿文太子。

朱厚照

要不你们都投我吧，我是独生子。

朱由检

要投也是投我儿子“朱三太子”吧？

朱元璋

不管是朱标，还是朱高炽，都是我朱家的好儿郎！

朱厚照

可惜呀，好人不长寿，祸害活千年！

朱翊钧

@朱厚熜 爷爷，我感觉咱俩在位时间比较长的有点被针对了。

●●●○○ 大明通信　100%

我家代代是奇葩（21）

朱厚熜

没事，你太祖爷也在位30多年呢。

朱元璋

传旨，把嘉靖拖出去勒死，把万历挫骨扬灰。

朱厚熜

……

朱翊钧

……

朱瞻基

大爷爷@朱标 为迁都西安做准备，考察的路上感染了风寒，虽然病重，但也撑了很久。可是我爸爸，“挂”得也太快了……

朱高炽

后世有人说我是被雷震死的，还有人说我是误吃了下给皇后的毒药，总之就很离奇。

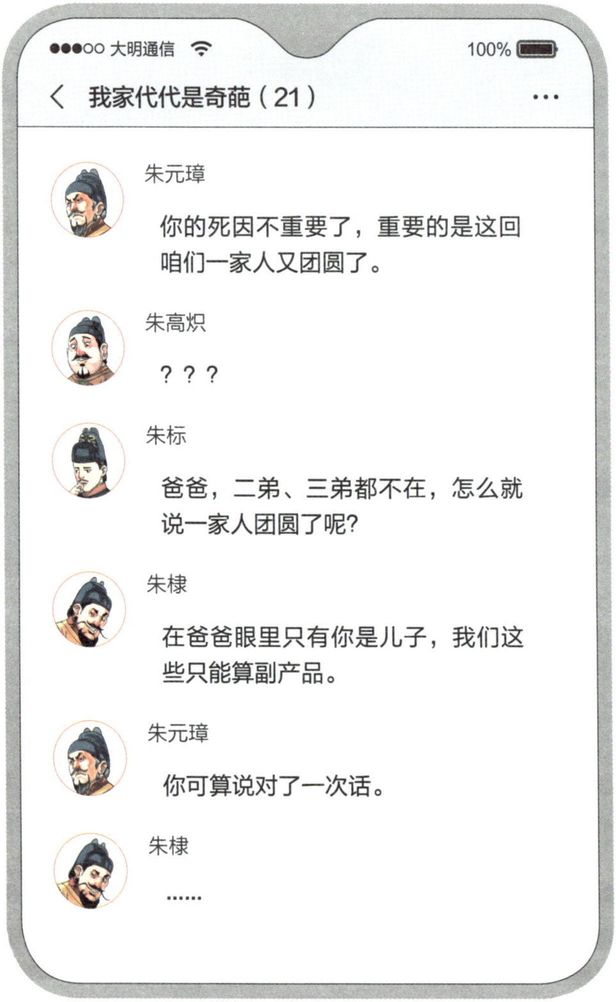
●●●○○ 大明通信
100%
我家代代是奇葩（21）
朱元璋
你的死因不重要了，重要的是这回咱们一家人又团圆了。
朱高炽
？？？
朱标
爸爸，二弟、三弟都不在，怎么就说一家人团圆了呢?
朱棣
在爸爸眼里只有你是儿子，我们这些只能算副产品。
朱元璋
你可算说对了一次话。
朱棣
……

敲黑板

明孝宗朱祐樘独爱孝康敬皇后张氏，二人生有朱厚照、朱厚炜两个皇子，但朱厚炜年仅一岁便因病去世，因此朱厚照称自己是“独生子”。

明朝末年，李自成攻克北京后，崇祯帝自缢殉国，他的儿子们不知所终。许多人假借“朱三太子”之名反清复明，掀起许多波澜。

洪武二十四年（1391年），朱元璋想迁都西安，命朱标巡视陕西。朱标视察结束返回南京后不久就生了病，次年病逝，朱元璋大为哀恸，追谥其“懿文太子”。朱标的儿子朱允炆即位后，追尊朱标为孝康皇帝，庙号兴宗。靖难之役后，明成祖朱棣抹杀建文政权的历史，复称兄长朱标为懿文太子。

二十四年八月，敕太子巡抚陕西……比还，献陕西地图，遂病。病中上言经略建都事。明年四月

丙子薨，帝恸哭。礼官议期丧，请以日易。及当除服，帝不忍。礼官请之，始释服视朝。八月庚申祔葬孝陵东，谥曰懿文。

——《明史》

贰

旧怨重提，朱棣陈情伸冤：

靖难只是一次针对削藩的正当防卫！

●●●○○ 大明通信
100%
我家代代是奇葩（21）
朱允炆
自从我爸爸@朱标 进了群，皇爷爷整个人都变开心了。
朱元璋
别说你爸爸进群我开心，就是他造反，我都恨不得赶紧给他让位。
朱由校
这操作我弟崇祯熟啊！
朱由检
？？？
朱标
爸爸，这玩笑可不兴开啊。
朱元璋
玉玺你先拿着，没事可以砸砸核桃和老四的脑袋。
朱棣
……

敲黑板

传国玉玺是中国古代帝王权力的标志物，为秦始皇命人制成。相传五代十国时期，石敬瑭联合契丹攻灭后唐，后唐国君带着玉玺自焚，从此玉玺下落不明。有一种传说认为玉玺被辽国君主获得，后来又被蒙古君主获得，再辗转到清朝皇太极手中。宋、明两代并没有皇帝持有秦皇玉玺的证据，因此也衍生出了朱元璋派遣蓝玉北伐打击元朝残余势力是为了夺回传国玉玺的传闻。

●●●○○ 大明通信　　　　　　　　100%

我家代代是奇葩（21）

朱元璋

可以可以！

朱棣

可不是嘛，爸爸最近打了美容针。

朱元璋

？？？

朱元璋

你给我出去！

朱高炽

怎么感觉我们一家在爷爷这儿这么不受待见。

朱元璋

我也可以待见你，前提是你是燕王世子，不是“大明太子”。

朱高炽

……

敲黑板

世子是古代诸侯王第一继承人的称号，在明清两代为亲王嗣子的称号。按照明朝制度，亲王的嫡长子立世子，世袭亲王爵位，诸子封为郡王。

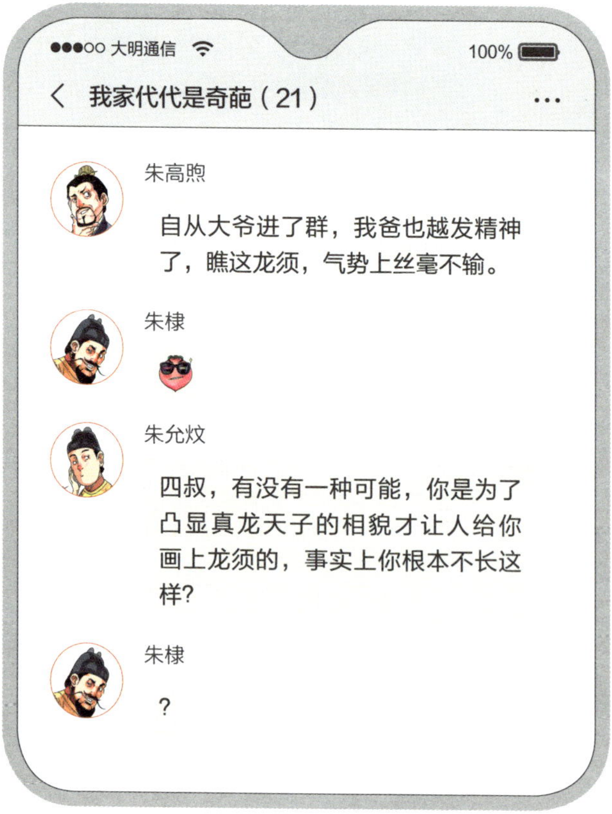

●●●○○ 大明通信　　100%

我家代代是奇葩（21）

朱元璋

民间都说我是大长脸，实际上，我是美丈夫！

朱允炆

对啊，我三叔晋王就留下了“修目美髯，顾盼有威”的美评。儿子随爹，爷爷的颜值肯定不差！

朱棣

儿子随爹，允炆你治国理政的能耐怎么没随你爹？

朱允炆

？？？

朱瞻基

多亏了我爷爷接管大明，要是任由建文帝和那帮腐儒乱搞，不出十年，我大明就会内忧外患，恐怕也难逃二世而亡的下场！

朱允炆

……

●●●○○ 大明通信 100%

我家代代是奇葩（21）

朱元璋

这么说，允炆还得感谢老四让他免于亡国之君的骂名了？

朱棣

爸爸，孩子们乱说的，我可没这么想！

朱标

但是你这么做了！

朱棣

按照礼制，大哥你的子孙是大宗，我本来没有不服的。但允炆搞削藩，把我们几个当叔叔的往死里整，我只能正当防卫啊！

朱标

你这防卫有点过当了吧！

朱棣

那你得看看允炆对我们这几个叔叔做了什么！

●●●○○ 大明通信　100%

我家代代是奇葩（21）

朱允炆

……

朱瞻基

8″

周王被圈禁，代王被废，湘王自焚，燕王只好造……

“朱棣”拍了拍“朱瞻基”

朱棣

好了别说了，总之就是把大哥你带大的弟弟们不当人！

朱标

朱标

@朱允炆 你那几个叔叔都是我带大的，你小子敢这么对他们，简直欠揍！玉玺呢，我先暴击下这个孽子！

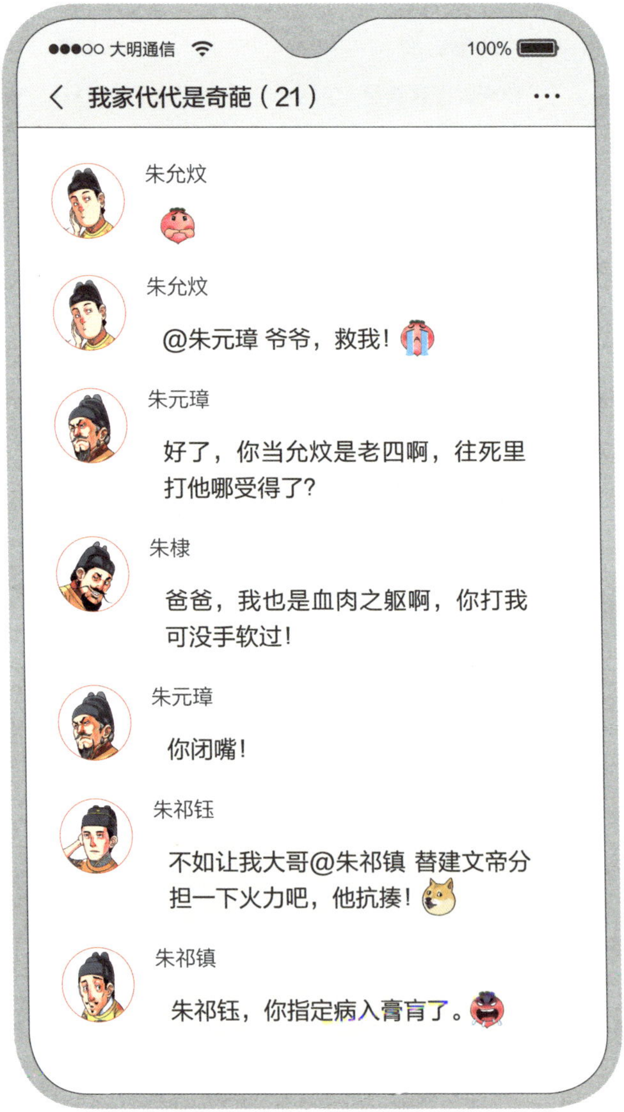
●●●○○ 大明通信
100%
我家代代是奇葩（21）
朱允炆
朱允炆
@朱元璋 爷爷，救我！
朱元璋
好了，你当允炆是老四啊，往死里打他哪受得了？
朱棣
爸爸，我也是血肉之躯啊，你打我可没手软过！
朱元璋
你闭嘴！
朱祁钰
不如让我大哥@朱祁镇 替建文帝分担一下火力吧，他抗揍！
朱祁镇
朱祁钰，你指定病入膏肓了。

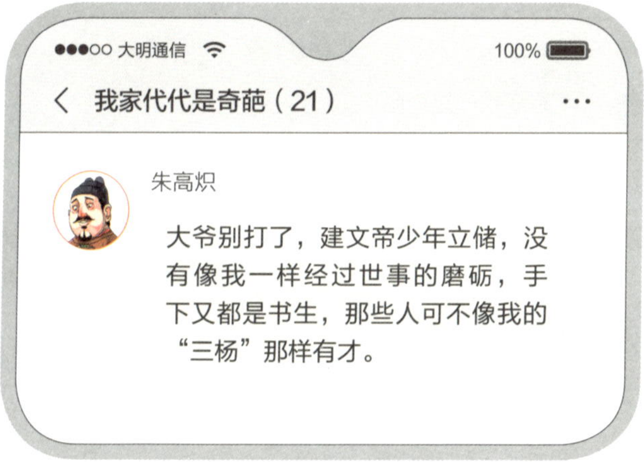

敲黑板

朱元璋有二十六个儿子，其中较为年长的五个分别是懿文太子朱标，秦王朱樉，晋王朱㭎，燕王朱棣，周王朱橚，按照正史的说法，这五兄弟都被算作孝慈高皇后马氏的儿子。

明朝第一任周王朱橚是朱元璋第五子。他为人好学，能作词赋。建文元年（1399年），朱允炆逮捕周王朱橚，将他贬为庶人，流放云南，后召回圈禁。朱棣即位后，恢复朱橚爵位。

明朝第一任代王朱桂是朱元璋第十三子，性格比较暴躁，在朱允炆削藩时被废，朱棣即位后恢复了朱桂的王爵。

明朝第一任湘王朱柏是朱元璋第十二子，他自幼聪慧，个性刚烈，深得朱元璋的喜爱。建文元年（1399年），朱柏被人举报谋反，遭到建文帝突击搜查，朱柏感叹说："我身为太祖之子，不能受辱于奴仆！"于是纵火自焚，湘王全府皆从朱柏而死。

大宗是周礼中的一个概念，指的是爵位、财产等由嫡长子继承的家族血缘传承核心。在周礼中，天子之位由嫡长子继承，是为大宗，其他孩子则以小宗的身份成为诸侯。诸侯相对于继续分封的卿大夫是大宗，卿大夫相对于继续分封的士也是大宗。天子是绝对的大宗，以下的则为相对于上一级的小宗，相当于下一级的大宗。这套规矩在此后的汉唐宋明等朝代皆有传承。

"三杨"指明朝前期的著名文臣杨士奇、杨荣、

杨溥（pǔ），这三人均历仕永乐、洪熙、宣德、正统四朝，为明朝内阁官僚管理体制的正规化做出重要贡献，他们还在文学上颇有造诣，是明代“台阁体”诗文的代表人物。

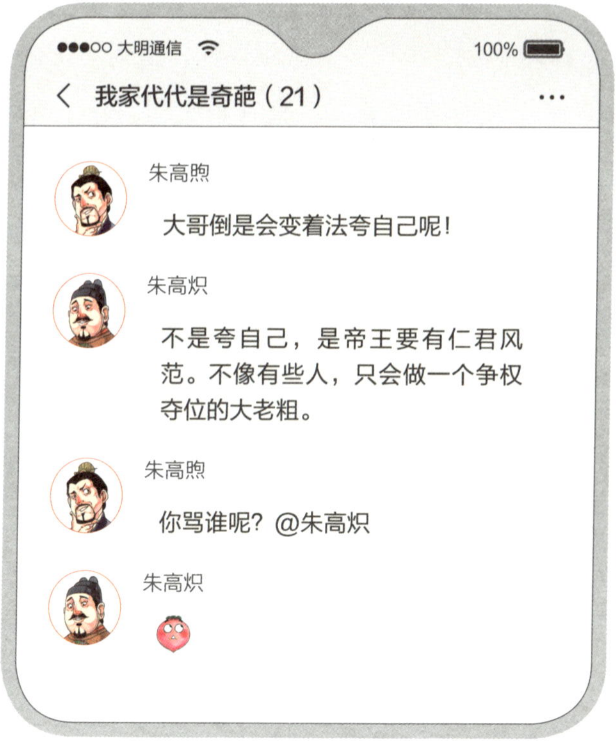

●●●○○ 大明通信　　100%

我家代代是奇葩（21）

朱允炆

我要揭发四叔，我弟弟吴王和我儿子润王被他贬为“吴庶人”“建庶人”，他也没有优待宗室！

朱标

？？？

朱棣

大哥，要说我对不起你的地方，也就三件事。

朱标

你展开说说！

朱棣

第一件事就是接替了允炆的皇位，囚禁了你的儿子们；第二件事是撤销了你的兴宗庙号；第三件事是在《奉天靖难记》中说了你一点点坏话。

●●●○○ 大明通信 100%

我家代代是奇葩（21）

朱标

你那叫接替皇位？只说了一点点坏话？

朱棣

……

朱棣

后世的谈迁说，正因为大哥你走得早，避免了咱俩之间发生“玄武门之变”，骨肉相残，从这个角度来看，这又何尝不是大哥的一种幸运。

朱标

奇怪的角度都让你说了！你以前可不敢这么跟我说话。

朱棣

大哥，人是会变的！何况我现在还是皇帝。

●●●○○ 大明通信　100%

我家代代是奇葩（21）

朱允炆

我说过，我给我爸也追封了明兴宗孝康皇帝！

朱高炽

你也是厉害，你将大爷追封为明兴宗，就没考虑过爷爷吗？

朱允炆

什么意思？

朱高炽

爷爷以前的名字叫朱兴宗，后来才叫朱元璋的。

朱元璋

没事！玉玺都可以给老大砸核桃，区区两个字，不用避讳，拿去用！

朱棣

爸爸，这时候你倒是大方，为了避你名字里“元”字的讳，大明都没发行过元宝钱。

●●●○○ 大明通信　　100%

我家代代是奇葩（21）

朱元璋

我只对老大大方，老大要说缺钱，我能把龙椅卖了！

朱棣

……

朱标

老四，你就不用羡慕了！我顶撞得了爸爸，驾驭得了藩王，震慑得了群臣。你比不了的！

朱棣

我比你命长。

朱标

……

朱高炽

我爸爸五征漠北，攻入铁木真龙兴之地，是大明的骄傲。

●●●○○ 大明通信　　100%

我家代代是奇葩（21）

朱允炆

要不是我爸爸走得早，明朝的很多将领都会留下来。就比如，要是跟我爸爸沾亲挂拐的蓝玉还在，你爸爸哪还有那么多机会去打仗。

朱高煦

是啊，那样的话，我爸爸就做不了大哥的镇北大将军了！

朱棣

你闭嘴！

朱高煦

……

朱允炆

我爸能力强，众人服，爷爷也器重。如果他来当皇帝，可能会缔造出比永乐更好的盛世。

朱元璋

就是太强了，老天才陨折了我的标儿！

●●●○○ 大明通信　100%

我家代代是奇葩（21）

朱棣

可是历史没有如果。

朱元璋

你就会大煞风景，你让我们祖孙三代幻想一下“孝康盛世”不好吗？

朱棣

您可以直接看我跟我儿子洪熙、我孙子宣德创下的永乐盛世、仁宣之治，都不用幻想。

朱元璋

！！！

朱祁钰

要是没有我大哥朱祁镇，说不定盛世还能持续好多年。

朱祁镇

你一天到晚这么损我，对得起我吗？

●●●○○ 大明通信　100%

我家代代是奇葩（21）

朱高煦

他没让你这个“留学天子”回来以后蹊跷病死，就已经够讲情分了。

朱祁钰

对啊，到底谁对不起谁？夺门之变发生没多久，我就莫名跟这个世界说再见了。

朱允炆

@朱瞻基 你要是知道朱祁钰比朱祁镇强点，当初会立谁当太子？

朱瞻基

@朱允炆 要是朱雄英还活着，你爸爸会立谁当太子？

朱允炆

？？？

朱祁镇

朱雄英是谁？

敲黑板

朱标的第三子，朱允炆的弟弟朱允熥（tēng）在建文元年（1399年）被封为吴王，建藩杭州。朱棣入主京师后，朱允熥被降封为广泽王，后因“不能匡辅其兄”的罪名被废为庶人，禁锢在安徽凤

阳，称“吴庶人”。朱允炆的次子朱文圭两岁时被朱棣抓获，囚禁于高墙之内，称“建庶人”。

《奉天靖难记》，记载了朱棣从奉天靖难起到称帝之间的史事。撰书者人名不见于记载。

明代发行的货币都是“通宝”钱，如洪武通宝、永乐通宝、嘉靖通宝，没有元宝钱，对此，有说法认为是为了避讳：“明太祖讳元璋，故明代铸钱，自洪武后，无作元宝者。”也有说法认为是因为当时的人痛恨元朝：“盖民间追恨元人，不欲书其国号也。”

朱雄英是朱元璋的嫡长孙，朱标的嫡长子，朱允炆的异母兄。朱雄英于洪武七年（1374年）生于应天，洪武十五年（1382年）早夭，年仅八岁，死后被追谥为虞怀王。

叁

“跑路皇帝”朱由崧：

“藩王下岗再就业，我为大明续过命！”

●●●○○ 大明通信　100%

我家代代是奇葩（21）

朱厚照

要论嫡庶的话，我朱厚照是明朝帝王中集嫡子、长子、独子于一身的第一人。

朱祁镇

别说第一人了，直接用唯一吧。你连个活下来的兄弟都没有。

朱厚照

老道士也没有！

朱厚熜

我谢谢你！@朱厚照

朱祐樘

怪我咯，只娶一个老婆是我的错。

朱祁镇

咱们大明帝王是出了名的遵守祖制！你看我，嫡长子继位，顺理成章啊。

●●●○○ 大明通信 100%

我家代代是奇葩（21）

朱祁钰

你出生的时候你妈也只是贵妃，上面还有胡皇后！

朱祁镇

你个庶出的闭嘴！

朱祁镇

母凭子贵，我出生之后我妈直接被册封为皇后了，所以我是正统！而你朱祁钰只能是代宗，代替的代！

朱祁钰

代宗原本是指世宗，唐代宗的庙号本应是世宗，是为了避李世民的讳才改世宗为代宗的。

朱厚熜

怎么，景泰帝是想跟我抢庙号？

朱祁镇

他抢不了。

●●●○○ 大明通信 100%

我家代代是奇葩（21）

朱厚熜

为什么?

朱祁镇

因为没有他的庙。

朱祁钰

……

朱见深

虽然我恢复了叔叔景泰帝的帝位，但是没有给他立庙。

朱祁镇

可是你给他上了“恭仁康定景皇帝”的谥号?

朱祁钰

上谥号还厚此薄彼！别的皇帝谥号十七个字，给我的谥号就五个字！

敲黑板

明宣宗朱瞻基的原配是胡皇后，但是胡皇后一直无子。宣德二年（1427年），孙贵妃为明宣宗产

下长子朱祁镇。次年朱祁镇受封皇太子，孙贵妃晋位为皇后。明宣宗驾崩后，皇太子朱祁镇即位，尊孙氏为皇太后。

🔈 南明存在于1644年到1662年间，是明朝灭亡后，明朝宗室成员在南方各地建立起的几个政权的统称。

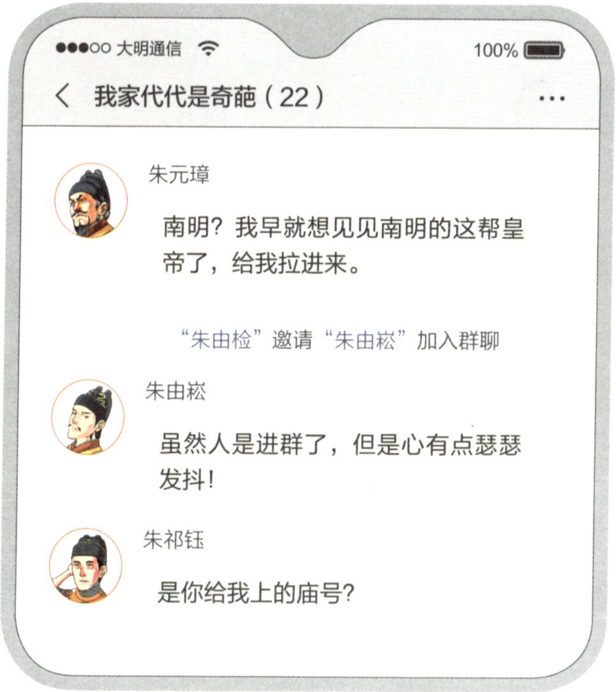

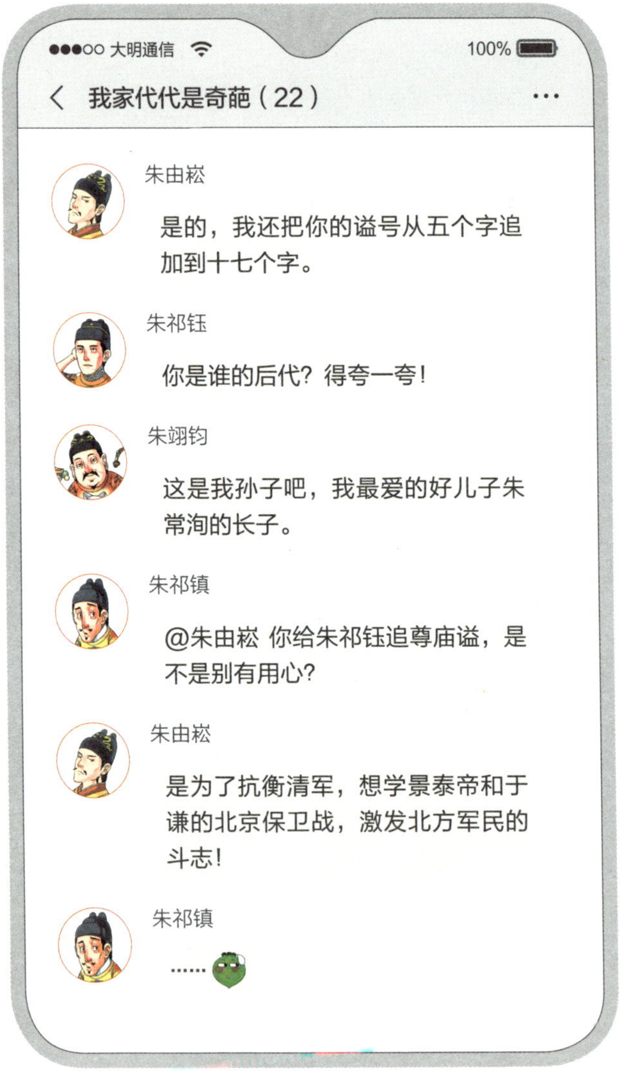
●●●○○ 大明通信
100%
我家代代是奇葩（22）
朱由崧
是的，我还把你的谥号从五个字追加到十七个字。
朱祁钰
你是谁的后代？得夸一夸！
朱翊钧
这是我孙子吧，我最爱的好儿子朱常洵的长子。
朱祁镇
@朱由崧 你给朱祁钰追尊庙谥，是不是别有用心？
朱由崧
是为了抗衡清军，想学景泰帝和于谦的北京保卫战，激发北方军民的斗志！
朱祁镇
……

●●●○○ 大明通信　100%

我家代代是奇葩（22）

朱由崧

我还给懿文太子、建文帝也恢复了兴宗、惠宗的庙号。

朱允炆

不过是为了笼络南方士子的心罢了。

朱由崧

……

朱棣

西晋灭亡了有东晋，北宋灭亡了有南宋。你的南明是不是跟东晋、南宋一样辉煌啊？

朱由崧

成祖爷，我就想问东晋、南宋辉煌在哪？

朱棣

东晋、南宋好歹都存活了一百多年，你给我大明续了多少年的命？

●●●○○ 大明通信 100%

我家代代是奇葩（22）

朱由崧

十八年。

朱棣

一个皇帝在位十八年，还行，不算短。

朱由崧

不是，我是说南明一共十八年。

朱棣

？？？

朱由崧

正统的南明君主也就四个皇帝和一个监国亲王。我自己只在位了一年。

朱元璋

这就是我老朱家的后人？我朱元璋丢不起这个人。

●●●○○ 大明通信 100%

我家代代是奇葩（22）

朱由崧

这可不怪我们啊，都怪崇祯不迁都，他要是迁都南京，我们几个也不至于为了争夺正统皇位打起来！

朱由检

你可真能甩锅！我是想迁的，只是没走成而已！

朱棣

当年我迁都北平，南北两京并立，就是为了有朝一日大明有难可以自保有余！

朱允炆

说的好听叫自保有余，说不好听就是偏安一隅。

朱棣

你行你上啊！

朱允炆

……

●●●○○ 大明通信 100%

我家代代是奇葩（22）

朱祁钰

我哥出国“留学”以后，就有大臣说要南迁，还好被于谦阻止了！

朱由检

说到正统帝“留学”，朱由崧跟他经历还蛮像的。

朱由崧

哪像了？

朱由检

你俩都被俘过！

朱祁镇

……

朱由崧

……

朱祁镇

不一样，他被俘后被处死了，而我被俘后平安归来了！

●●●○○ 大明通信
100%
我家代代是奇葩（22）
朱元璋
你还好意思说，我都替你丢脸！
朱祁镇
……
朱由崧
要不是崇祯葬送了大明，哪用得着我们这些藩王下岗再就业?
朱棣
要是藩王下岗可以返聘当皇帝，我还需要发动什么靖难?
朱允炆
？？？
朱由检
葬送大明的锅我可不背，我战斗到了最后一刻，以身殉国。

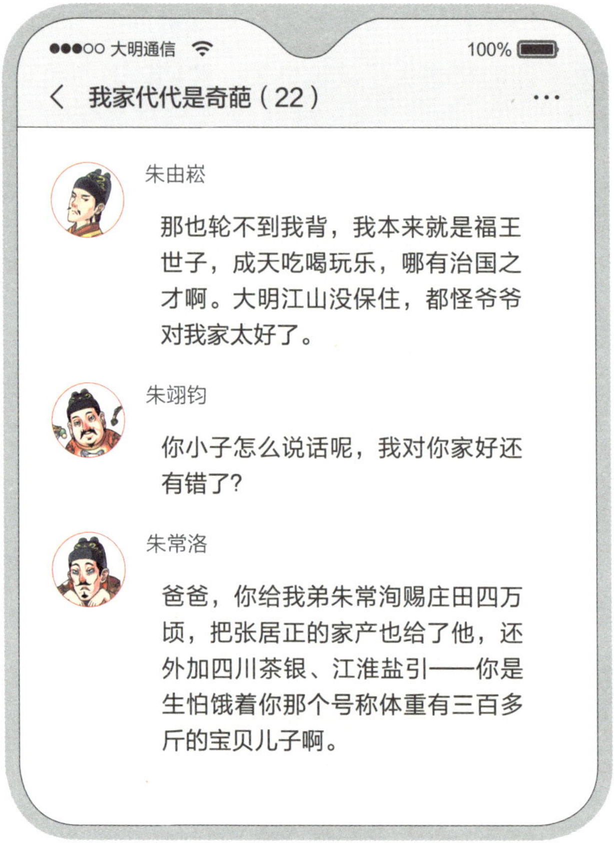

敲黑板

万历帝十分宠爱郑贵妃，对郑贵妃所生的朱常洵也极为重视。据《明史》记载，万历帝时常把搜

刮来的明珠异宝赐给朱常洵，封朱常洵为福王后，给朱常洵的待遇远超其他皇子。按例，藩王是要去自己的封国就藩的，但万历帝把朱常洵留在身边，迟迟不让他去封国就藩，直到万历四十二年（1614年），万历帝本人都已经垂垂老矣，才放这个儿子去了封地。

福恭王常洵，神宗第三子。初，王皇后无子，王妃生长子，是为光宗。常洵次之，母郑贵妃最幸。帝久不立太子，中外疑贵妃谋立己子，交章言其事，窜谪相踵，而言者不止。帝深厌苦之。二十九年始立光宗为太子，而封常洵福王，婚费至三十万，营洛阳邸第至二十八万，十倍常制。廷臣请王之籓者数十百奏。不报。至四十二年，始令就籓。

先是，海内全盛，帝所遣税使、矿使遍天下，月有进奉，明珠异宝文毳锦绮山积，他搜括赢羡亿万计。至是多以资常洵。临行出宫门，召还数四，期以三岁一入朝。下诏赐庄田四万顷。所司力争，

常洵亦奏辞，得减半。中州腴土不足，取山东、湖广田益之。又奏乞故大学士张居正所没产，及江都至太平沿江荻洲杂税，并四川盐井榷茶银以自益。

——《明史》

据《大明福忠王圹志》记载，朱常洵在李自成军攻陷王城后“挺身抗节，指贼大骂”“慷慨激烈，与城俱亡”。

●●●○○ 大明通信 100%

我家代代是奇葩（22）

朱常洛

……

朱由检

把一个千疮百孔的大明留给我们家接盘，扛起这份重活，对颈椎实在不太好。

朱由崧

多在树上挂一挂就好了！

朱由检

我四十米的大刀已经饥渴难耐了！

朱由崧

……

朱翊钧

当年国本之争，朱常洛、朱常洵兄弟俩争得那么激烈，你们倒好，一看大明要完，就不争了是吧？

●●●○○ 大明通信
100%
我家代代是奇葩（22）
朱由检
本来也不是我想当这个皇帝的，是我哥天启非说我能当尧舜的。
朱由崧
本来也不是我想当这个皇帝的，是南京那群大臣硬把我推上去的！
朱由检
那你还高高兴兴地把你爸追尊为明恭宗皇帝?
朱由崧
有这个权限为什么不用?
朱由检
史可法说你贪淫、酗酒、不孝、虐下、无知、专横，根本没资格当皇帝。
朱由崧
我当皇帝之前，史可法都没见过我，他凭什么说我这不好那不好！

●●●○○ 大明通信　　100%

我家代代是奇葩（22）

朱由校

因为支持我们家的是朝廷清流，支持你们福王系的都是阉党余孽……

朱由崧

明末最大的阉党不就是你天启朝的魏忠贤吗?

朱由校

……

朱由检

总之，你福王系的人设就是反派。

朱由崧

太祖爷，看在我恢复懿文太子和建文帝名誉的份儿上，您要替我主持公道啊。

朱元璋

替你主持公道？我打死你个窝囊废。

●●●○○ 大明通信
100%
我家代代是奇葩（22）
朱由崧
要不是我凝聚南明将士，再造大明江山，大明怕是早就没了。
朱由检
你还有脸说？！
朱由校
就是，听说你改元半年就把南京丢了。
朱由崧
因为咱家这群朱姓藩王一直在争正统，自己人先打起来了！
朱棣
我没争啊，是我侄子先动的手！
朱允炆
……

●●●○○ 大明通信　100%

我家代代是奇葩（22）

朱元璋

国本之争时太子跟福王争，国破家亡时南明诸王争，我生你们这群奇葩是为了拱卫大明江山，不是让你们内斗的！

朱由崧

倒是有一个藩王出兵勤王了。

朱元璋

谁啊？

朱由崧

隆武！

朱元璋

人呢？

朱由崧

被朱由检关禁闭了！

朱元璋

？？？

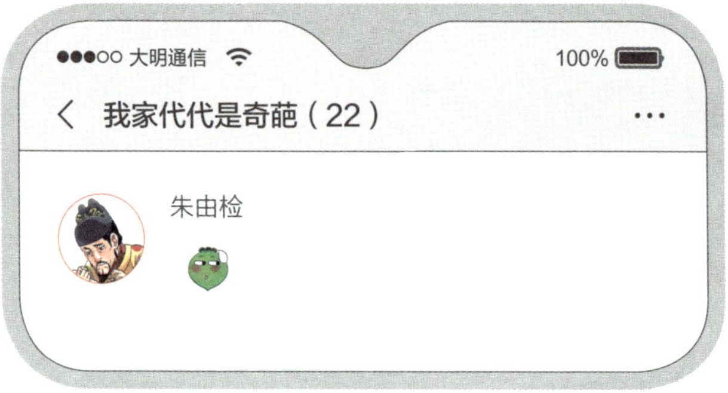

敲黑板

万历朝的国本之争，一定程度上影响了南明早期的局势。从血统上来说，当时最为正统的是朱常洛的子孙，即天启帝朱由校、崇祯帝朱由检。天启帝无子，崇祯帝殉国，崇祯帝之子也不知所终，所以南京朝廷是从万历帝之子中选择拥立对象的。按照长幼顺序，福王朱常洵的子孙拥有优先继承权，但是东林党人以立贤为名，主张立潞王朱常淓。

南明诸王的主要派系有四个，分别是以弘光帝朱由崧为代表的福王系，以隆武帝朱聿键为代表的

唐王系，以监国鲁王朱以海为代表的鲁王系，以永历帝朱由榔为代表的桂王系。此外，还有靖江王、韩王、潞王等其他争夺政权的小王。

肆

南明第二帝朱聿键：

虽为南明皇帝，却是天启、崇祯的爷爷辈

●●●○○ 大明通信 100%

我家代代是奇葩（23）

朱元璋

崇祯，你给我把南明的隆武拉进来！

朱由检

哦！

“朱由检”邀请“朱聿键”加入群聊

朱聿键

大家好，我是南明第二帝——隆武。

朱元璋

听起来怎么那么像洪武？

朱厚熜

还有人老把我嘉靖和清朝的嘉庆弄混呢，他们是看不出来我俩水平的差距吗？！

朱厚照

对，嘉庆收拾贪官和珅，嘉靖养肥权相严嵩，水平确实有差距。

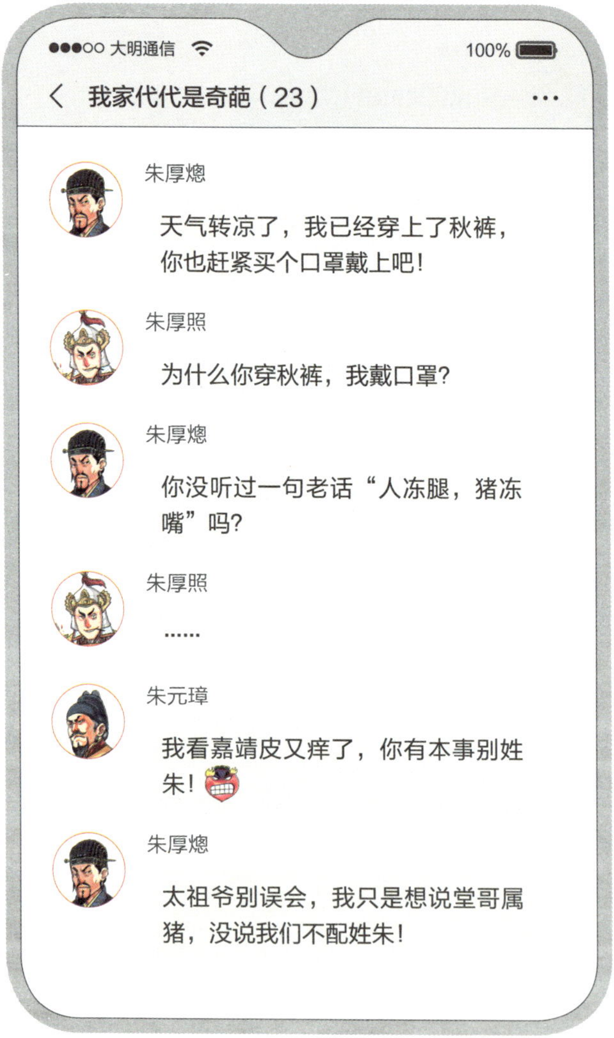
●●●○○ 大明通信
100%
我家代代是奇葩（23）
朱厚熜
天气转凉了，我已经穿上了秋裤，你也赶紧买个口罩戴上吧！
朱厚照
为什么你穿秋裤，我戴口罩？
朱厚熜
你没听过一句老话“人冻腿，猪冻嘴”吗？
朱厚照
……
朱元璋
我看嘉靖皮又痒了，你有本事别姓朱！
朱厚熜
太祖爷别误会，我只是想说堂哥属猪，没说我们不配姓朱！

●●●○○ 大明通信　100%

我家代代是奇葩（23）

朱厚照

你少来，在大明朝，姓朱是多么光荣的一件事。

朱聿键

没错，我就给郑森赐了国姓，还赐名“成功”二字。人家高兴得不得了！

朱厚照

那为什么大家都叫他郑成功，不叫朱成功呢?

朱聿键

那是清朝为了不让大家怀念国姓爷背后的大明而改的。

朱元璋

那你光复大明成功了吗?

朱聿键

心有余而力不足，只能感慨生不逢时啊。

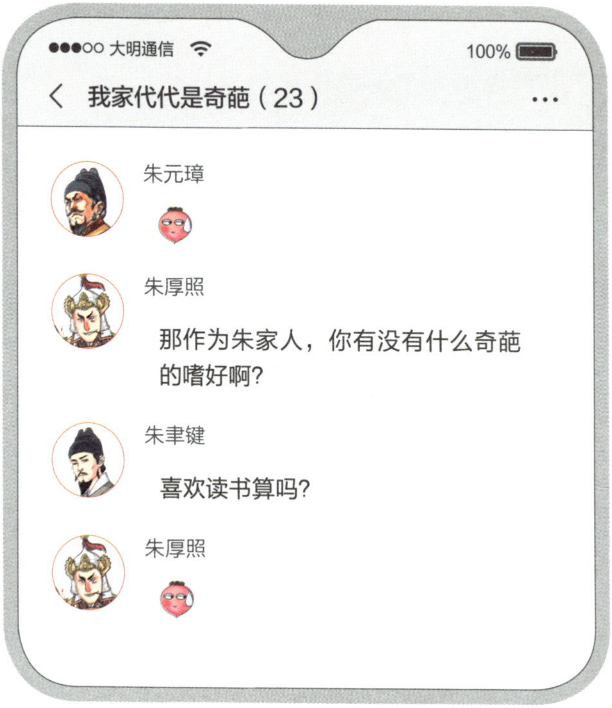

严嵩字惟中，号介溪，江西分宜人。他是明朝中期重臣，也是明朝最有名的奸相。严嵩于嘉靖二十一年（1542年）入内阁，嘉靖二十七年（1548年）任内阁首辅。他结党营私，贪赃纳贿，打击异

己，专权乱政。嘉靖四十三年（1564年），严嵩之子严世蕃被定罪下狱，次年被处以斩刑，严嵩则被废为庶人，抄家治罪。

郑成功，本名郑森，福建南安人，是收复宝岛台湾的民族英雄。其父郑芝龙本是明朝末年东南沿海最强大的海盗首领，后来归附朝廷；其母田川氏为日本肥前国平户藩出身。郑森被隆武帝赐明朝国姓“朱”，赐名“成功”，这也是“国姓爷”的由来。后来郑成功又被永历帝封延平王。弘光、隆武等政权灭亡后，郑成功仍坚持在东南沿海抗清，1661年为扩大根据地，率军横渡台湾海峡，击败荷兰殖民驻军，收复台湾。

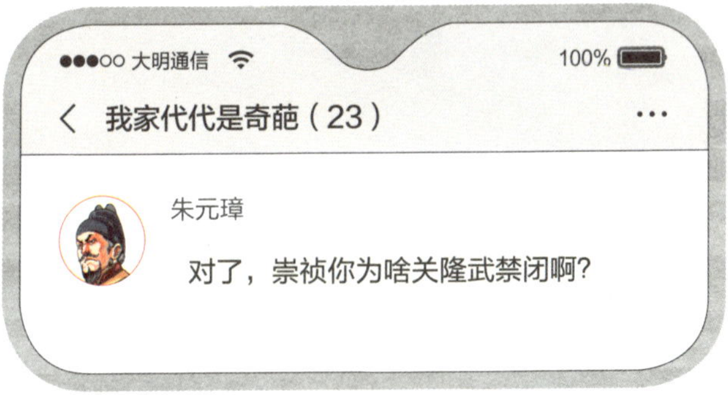

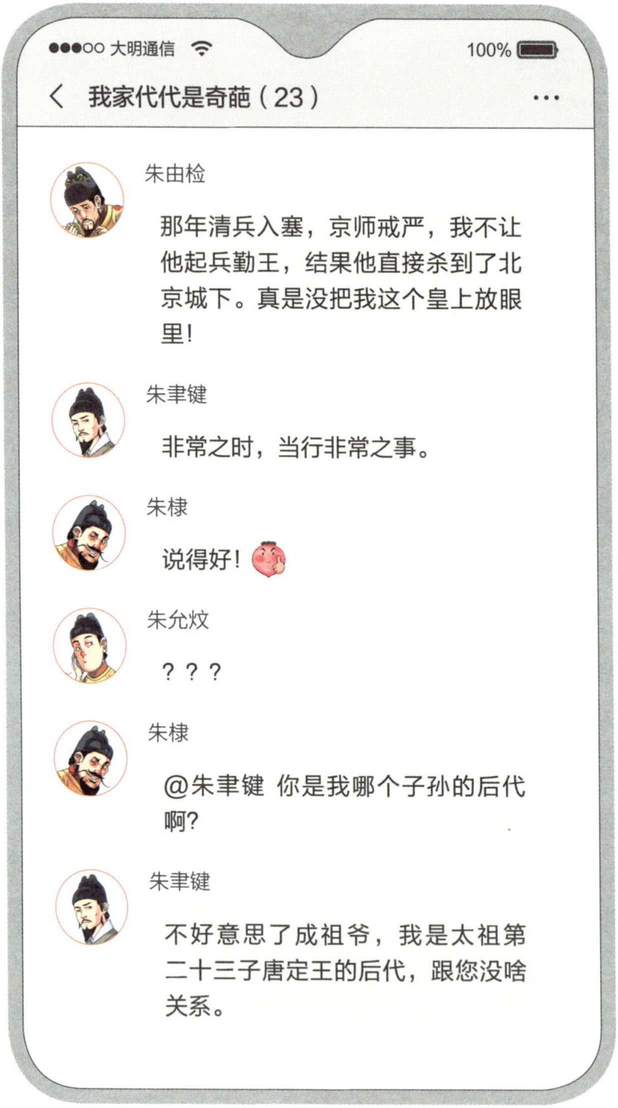
●●●○○ 大明通信
100%
我家代代是奇葩（23）
朱由检
那年清兵入塞，京师戒严，我不让他起兵勤王，结果他直接杀到了北京城下。真是没把我这个皇上放眼里！
朱聿键
非常之时，当行非常之事。
朱棣
说得好！
朱允炆
？？？
朱棣
@朱聿键 你是我哪个子孙的后代啊?
朱聿键
不好意思了成祖爷，我是太祖第二十三子唐定王的后代，跟您没啥关系。

●●●○○ 大明通信　100%

我家代代是奇葩（23）

朱棣

哦！

朱允炆

四叔忘了，看名字里的第二个字就知道了。

朱高炽

咱们家是“高瞻祁见祐，厚载翊常由”。唐王家是“琼芝弥宇宙，硕器聿琳琚”。

朱元璋

哦？这么说来，你跟万历是一辈的。@朱聿键

朱聿键

对，我是天启、崇祯、弘光、永历的爷爷辈！

朱由检

那也是八竿子打不着的远亲爷爷！南明帝王里属你最没资格当皇帝了。

●●●○○ 大明通信　　　　　100%

我家代代是奇葩（23）

朱聿键

远亲怎么了，靖江王朱亨嘉都敢觊觎帝位，我怎么就不行？

朱元璋

靖江王？他们家是我的侄孙一脉，也好意思觊觎帝位？

朱聿键

他直接改元洪武278年，宣布自己是太祖爷的继承人。

朱由检

我以为只有我的年号在朝鲜被沿用了二百多年，原来太祖爷的洪武年号也有人继承。

朱聿键

靖江王朱亨嘉被我直接灭了。鲁王朱以海称我为“皇叔父”而不称“陛下”，不认可我的隆武政权，我就杀了他的来使。

●●●○○ 大明通信　　100%

我家代代是奇葩（23）

朱祁镇

两国交兵尚不斩来使，都是一家人，你怎么下得了手?

朱祁钰

@朱祁镇 你替瓦剌人叫门的时候，我也挺想砍死来使的。

朱祁镇

你怕是疯了！

朱翊钧

远支藩王都这么“卷”，咱们皇族正统得支棱起来。

朱聿键

我的远房大哥万历啊，你看看你的孙子们，天启、崇祯、弘光……没有一个能干大事的。

朱翊钧

你行，你厉害，也没见你力挽狂澜、中兴大明啊。

敲黑板

崇祯九年（1636年），清军攻打北直隶，直逼北京，导致京师戒严。当时朱聿键上疏请求勤王，崇祯帝依照祖制，不允许其招兵买马，扩大武装，朱聿键依然率军北上勤王，被勒令遣返。当年年底，崇祯帝废朱聿键为庶人，将其押送凤阳圈禁，直到崇祯帝死后，朱聿键才被释放。

🔈 朱元璋的长兄朱兴隆之子朱文正曾屡建功勋，但后来因骄纵不法，被朱元璋囚禁而死。朱文正之子朱守谦被封为靖江王，就藩桂林。1645年，靖江王朱亨嘉趁乱自称监国，改元洪武278年，不久后为隆武帝朱聿键所灭。

🔈 郑成功发迹于隆武年间，后来又为永历帝所器重，获得设官施政之权。收复台湾后，郑成功将台湾赤崁地方改为“东都明京”，设立了承天府和天兴、万年二县。郑成功在台湾接纳了许多流亡的明朝宗室，包括鲁王、巴东王、乐安王、宁靖王等。永历帝虽然已经不在人世，但郑成功未尊奉其他朱姓宗王为帝，仍以永历为年号，其子孙以延平王的身份治理明郑小朝廷。1683年（南明永历三十七年，清康熙二十二年），郑克塽因受到清军攻略，呈表请降，永历年号也到此终结。

●●●○○ 大明通信　　100%

〈 我家代代是奇葩（23） …

朱元璋

不是说南明是四帝一王吗，除了弘光帝朱由崧，隆武帝朱聿键，永历帝朱由榔，鲁王朱以海，还有一个是谁?

朱聿键

我弟朱聿鐭，年号绍武。

朱元璋

你隆武志在兴隆洪武之业，他绍武寓意绍续隆武之功，看来他也是个积极有为的皇帝。

朱由崧

积极有为啥呀，就是趁天下大乱过把皇帝瘾。

朱元璋

那他总不至于跟你俩@朱由崧 @朱聿键 一样就在位一两年吧?

●●●○○ 大明通信 100%

我家代代是奇葩（23）

朱聿键

他还不如我俩，我弟只当了四十多天的皇帝。

朱元璋

？？？

朱常洛

四十多天虽然短，但至少比我在位时间长！

朱聿键

不过，即便只当了四十多天皇帝，我弟却保护了广州城内的十多个藩王，面对清军劝降，连一口水都不肯喝。

朱元璋

我算看出来了，唐王家的子孙质量还可以啊。

●●●○○ 大明通信　100%

我家代代是奇葩（23）

朱聿键

大明遗民评价我们说："唐王兄弟三人，皆儒雅有君人之度，与他藩绝殊。惠宗之遭靖难，绍宗之当末造，皆关世运，非独一家之事。"

朱元璋

难为你了，孩子，都怪王朝走到了末世，你也无力回天。

朱由检

太祖爷，这话您应该拿来安慰我。

朱元璋

你也不容易，崇祯殉国不屈，隆武御敌图存，要是没有你们的刚烈，我大明也不会有那么多人怀念。

朱聿键

大明没落之前，还能驱逐西洋殖民者，我最欣赏的郑成功击败荷兰军，光复宝岛，我此生无憾了。

●●●○○ 大明通信 100%

我家代代是奇葩（23）

朱棣

郑成功驱逐荷兰，收复台湾，扬名海外；我的郑和七下西洋，宣威列国，也扬名海外。

朱元璋

都姓郑，这个郑成功不会是郑和的后代吧?

朱棣

爸爸，你这就有点戳人家郑和的痛处了！

朱元璋

啥意思！

朱棣

郑和是三宝太监啊！

朱元璋

哦，不好意思了！

敲黑板

绍武政权建立之后，与永历政权争夺正统，但此时清军已经兵临广州，广州旋即陷落。绍武帝朱聿𨮁逃跑未遂，被清军将领李成栋抓获，朱聿𨮁拒绝饮食，自缢殉国。绍武朝官员陆续降清，受到绍武帝保护的众多藩王悉数被杀。

伍

毁于内耗的短命政权：

自己人争夺正统，却断送了复国的希望

●●●○○ 大明通信　　100%

我家代代是奇葩（23）

朱元璋

郑和七下西洋，去过那么远的地方，老四，你没跟着去啊?

朱棣

我要是去航海了，那不就成“海贼王”了嘛！

朱元璋

什么意思?

朱棣

明朝倭患严重，饱受海盗侵犯，我要下海亲征，不就是“海贼王”嘛！

朱厚照

带上我吧，我是要成为海贼王的男人！

朱厚熜

One! Two! Three! Go!

●●●○○ 大明通信　　100%

我家代代是奇葩（23）

朱厚照

咋了，老道士也想去？

朱厚熜

我这句英文的意思是让你三思而后行！

朱厚照

为什么？

朱厚熜

就你整天扮这演那的，我都怕戚继光把你当倭寇给剿了！

朱厚照

……

朱元璋

别跟我这儿整散装英语了，我听不懂！你们这些后辈皇帝，去过最远的地方不会就是成吉思汗的老家吧？

●●●○○ 大明通信　100%

我家代代是奇葩（23）

朱聿键

据我所知，永历帝朱由榔去过更远的缅甸，不同的是，他是逃亡。

朱元璋

就是你们南明的最后那位皇帝?

朱聿键

是的，他靠逃亡在位了十六年!

朱元璋

万历，这也是你的孙子吧?奇不奇葩?

朱翊钧

……

朱元璋

给我拉进来!

敲黑板

早在元朝末年，东南沿海就已经出现了小股势力的日本海盗。明朝建立后，张士诚等军阀的残余势力与海盗合作，侵扰沿海，导致明朝开始实行长期的海禁政策。日本南北朝时代结束后，许多武士沦为浪人，参与海盗勾当，不时侵扰中国沿海，到明代中期已经极为猖獗。

戚继光，字元敬，号南塘，晚号孟诸，山东登州人，是明朝中期的抗倭名将，民族英雄。他的家族世袭登州卫指挥佥事，他本人曾在东南沿海与俞大猷（yóu）等名将联手抗击倭寇十余年，训练了一支威震天下的戚家军，后又镇守长城沿线，抗击蒙古部落对内地的侵扰。戚继光著有《纪效新书》《练兵实纪》等军事著作，还留下了许多脍炙人口的诗词佳作。

明成祖朱棣青年时代就一直在北方防御蒙元残余势力，永乐七年（1409年），他派使节前往鞑

鞑，使节不幸被杀，朱棣派淇国公丘福为大将军征讨鞑靼，也进展不顺。永乐八年（1410年），朱棣亲自率领五十万大军深入漠北，征讨鞑靼，在斡难河畔大破本雅失里。而斡难河正是蒙元帝国开国之君成吉思汗的故乡。

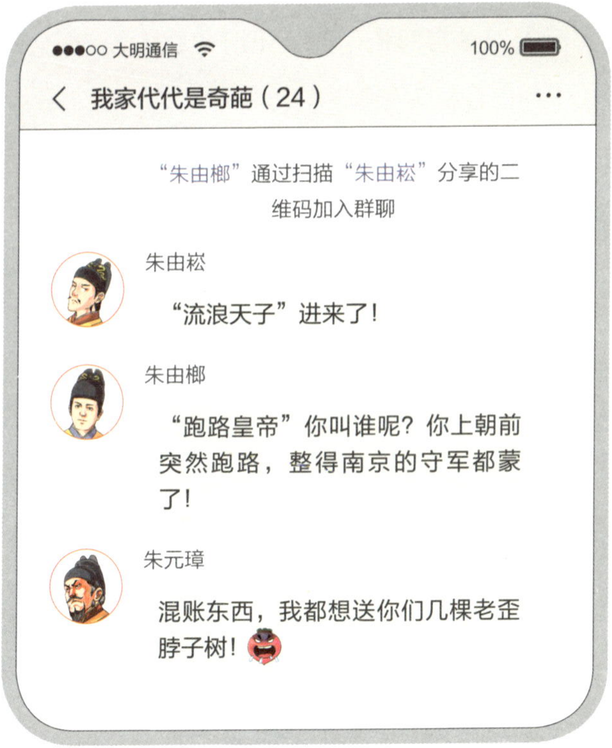

●●●○○ 大明通信
100%
我家代代是奇葩（24）
朱由崧
……
朱由榔
……
朱由检
……
朱由检
太祖爷，我可没跑，您不能误伤啊！
朱元璋
我是想让他俩学学你的精神！
朱由检
哦。
朱由榔
崇祯上吊而死，我被吴三桂派人勒死。死法差不多，都是脖子那一下。

●●●○○ 大明通信 100%

我家代代是奇葩（24）

朱厚照

这体验感老道士也似曾相识吧？@朱厚熜

朱厚熜

……

朱由崧

朱由榔东灭不了清军，南灭不了缅甸，只能夹在中间当流浪天子。

朱高炽

我记得爷爷和爸爸开疆拓土，早已形成了“三宣六慰”的基本盘，缅甸不是也在我大明的管辖范围之中吗？

朱由榔

还不是因为后来大明国力衰弱，东吁王朝日渐强大，“三宣六慰”土司纷纷归附东吁王朝了嘛！

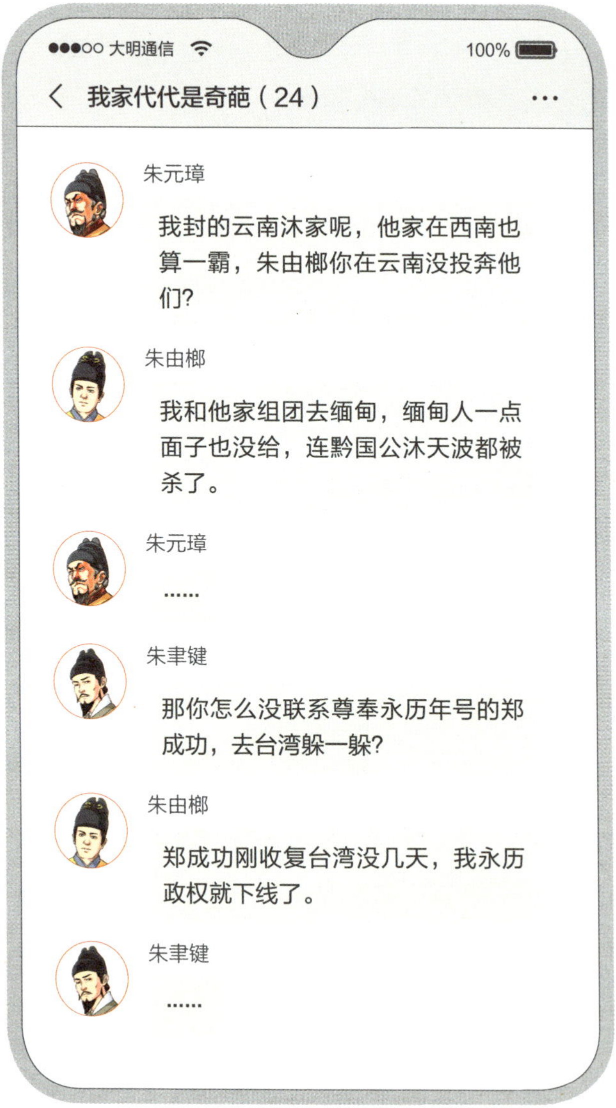
●●●○○ 大明通信
100%
我家代代是奇葩（24）
朱元璋
我封的云南沐家呢，他家在西南也算一霸，朱由榔你在云南没投奔他们?
朱由榔
我和他家组团去缅甸，缅甸人一点面子也没给，连黔国公沐天波都被杀了。
朱元璋
……
朱聿键
那你怎么没联系尊奉永历年号的郑成功，去台湾躲一躲?
朱由榔
郑成功刚收复台湾没几天，我永历政权就下线了。
朱聿键
……

敲黑板

弘光元年（1645年），清兵兵临南京城下，弘光帝朱由崧趁夜出逃。清兵攻克南京后，多铎继续追击朱由崧，明军总兵田雄等人劫持朱由崧献给清兵，以求封赏。

“三宣六慰”是明朝在西南地区和中南半岛设

置的管辖机构的统称。其范围包含云南，缅甸、泰国北部和老挝的中部。

沐英，字文英，凤阳定远人，明初将领，朱元璋义子，以功封西平侯。洪武十六年（1383年）后留镇云南，去世后被追封为黔宁王。沐英死后，长子沐春继承西平侯爵；沐春死后，其弟沐晟继承西平侯爵。永乐初年，沐英的次子沐晟因功劳晋封为黔国公，沐氏自此成为世袭公爵。末代黔国公沐天波是沐英的第十一世孙，明朝灭亡后，沐天波随永历朝廷入缅，在“咒水之难”中被缅兵杀害。

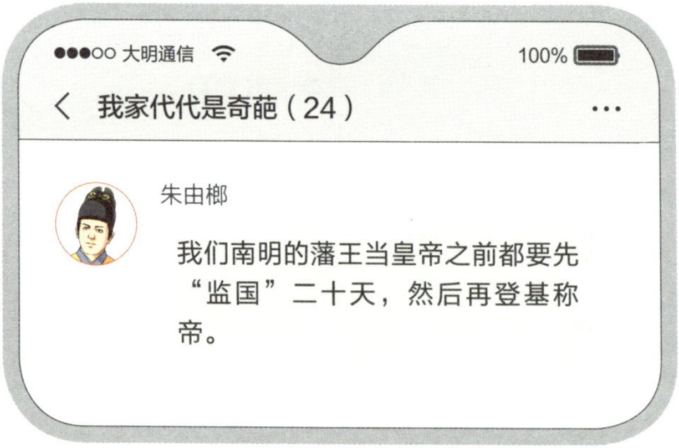

●●●○○ 大明通信　100%

我家代代是奇葩（24）

朱祁钰

这不是我当皇帝时的操作吗?

朱由榔

是啊，一是这样显得名正言顺，二是让百姓有个接受新帝的缓冲期。

朱由检

清军都打到家门口了，你们南明还在为争这个名正言顺的皇位搞内斗，大明不亡才怪!

朱由榔

要不是你崇祯能名正言顺继位的儿子们不是被清军俘获就是下落不明，我们这些本该逍遥自在的藩王，也不必在那内斗。

朱元璋

谁跟谁内斗啊?

朱聿键

自我检举，我和鲁王朱以海为争正统斗过。

●●●○○ 大明通信　　100%

〈　我家代代是奇葩（24）　…

朱由榔

我和绍武帝朱聿鐭也斗过。那奇葩居然到人家粤剧团借龙袍和文武百官的衣服，穿戏服抢在我前面登基。

朱元璋

……

朱由榔

总之，南明自家人争抢皇位，文臣武将没有一个靠谱的。我还是托人去罗马找外援吧。

朱由崧

我也去澳门请了洋兵助战打清军。

朱聿键

我进口过西洋的大炮。

朱元璋

我大明的火器天下无敌！神机营呢？还要出去借洋枪洋炮？

●●●○○ 大明通信　　100%

〈 我家代代是奇葩（24） …

朱棣

就是，我大明用不着借外兵帮我们打仗。

朱允炆

四叔，你那个蒙古骑兵是怎么回事?

朱棣

你走开，那是宁王的部队，也是咱们大明自己的兵。

朱允炆

你还好意思说，你给人家宁王画大饼，说借完兵要和宁王共享天下，结果把人家迁到江西去了。

朱棣

……

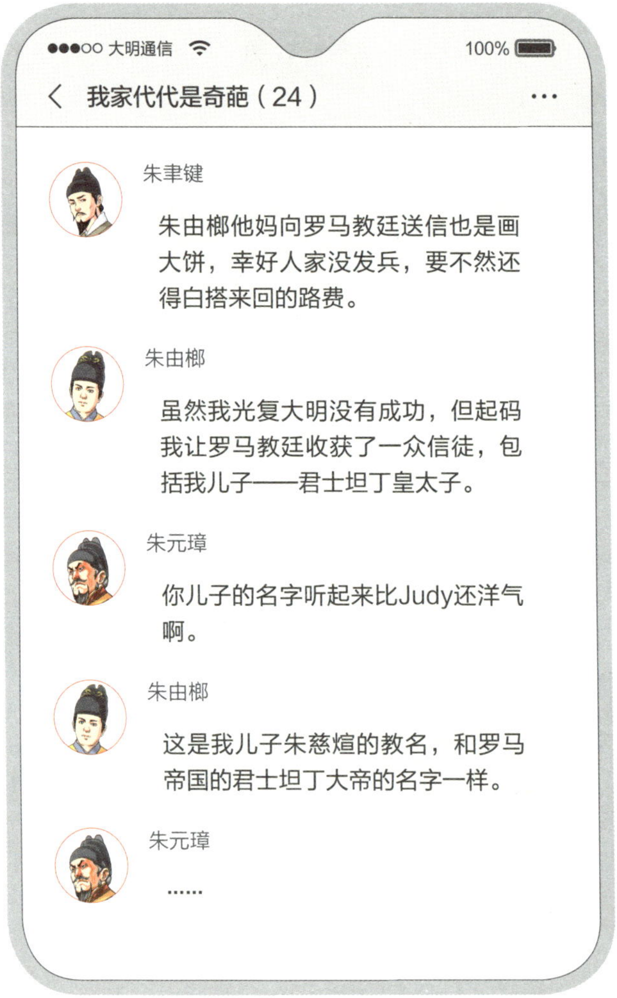
●●●○○ 大明通信
100%
我家代代是奇葩（24）
朱聿键
朱由榔他妈向罗马教廷送信也是画大饼，幸好人家没发兵，要不然还得白搭来回的路费。
朱由榔
虽然我光复大明没有成功，但起码我让罗马教廷收获了一众信徒，包括我儿子——君士坦丁皇太子。
朱元璋
你儿子的名字听起来比Judy还洋气啊。
朱由榔
这是我儿子朱慈煊的教名，和罗马帝国的君士坦丁大帝的名字一样。
朱元璋
……

敲黑板

君士坦丁一世是罗马帝国皇帝，他在位期间大力推行基督教，建都君士坦丁堡，被尊称为君士坦丁大帝。

朱慈烜是永历帝朱由榔的第三子，他出生时就受洗成为基督教徒，教名“当定”（即“君士坦丁”），永历五年（1651年）被封为皇太子。

●●●○○ 大明通信
100%
我家代代是奇葩（24）
朱棣
我说的是燕王世子，不是大明太子！
朱高煦
……
朱允炆
四叔不愧是画饼高手，给宁王画饼，给自己儿子画饼。
朱棣
这大概也是遗传吧！
朱元璋
我的宗旨就是，只要饼画得好，不愁当不好领导！
朱厚照
那太祖爷能不能教我们几招?

●●●○○ 大明通信　100%

我家代代是奇葩（24）

朱元璋

就你们这智商，记住这六个画饼专用词就行了：到时候，我保证，等以后，本打算，你放心，相信我。

朱厚照

绝。

朱由检

你们都是给别人画饼，我倒好，大臣给我画饼。

朱由校

谁给我弟画饼了？

朱由检

袁崇焕，他就给我画了五年平辽的大饼。

朱翊钧

好家伙，袁崇焕口气这么大。

●●●○○ 大明通信　　100%

我家代代是奇葩（24）

朱由检

所以我没信，顺手把袁崇焕处死了。

朱聿键

你要不杀袁崇焕，或许清军还入不了关！

朱由榔

清军入关也不怕，我拥有两蹶名王的李定国。

朱元璋

你可得了吧，是你太能跑，你拥有的是最风骚的跑路技术。

朱由榔

……

朱聿键

唉，真是定国未定国，精忠没精忠。

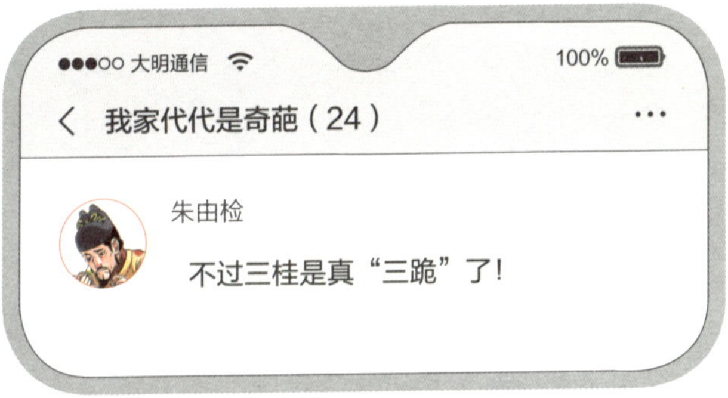

敲黑板

崇祯帝登基后，一直受打压的名将袁崇焕被重新启用。某次召见时，崇祯帝问袁崇焕平辽事宜，袁崇焕向崇祯帝夸口，说可以五年复辽。给事中许誉卿私下询问袁崇焕是否有五年复辽的策略，袁崇焕却说这话是安慰崇祯的。

七月，崇焕入都，先奏陈兵事，帝召见平台，慰劳甚至，咨以方略。对曰：“方略已具疏中。臣受陛下特眷，愿假以便宜，计五年，全辽可复。”帝曰：“复辽，朕不吝封侯赏。卿努力解天下倒悬，卿子孙亦受其福。”崇焕顿首谢。帝退少憩，

给事中许誉卿叩以五年之略。崇焕言："圣心焦劳，聊以是相慰耳。"誉卿曰："上英明，安可漫对。异日按期责效，奈何？"崇焕怃然自失。顷之，帝出，即奏言："东事本不易竣。陛下既委臣，臣安敢辞难。但五年内，户部转军饷，工部给器械，吏部用人，兵部调兵选将，须中外事事相应，方克有济。"帝为饬四部臣，如其言。

——《明史》

李定国是南明的抗清名将。他本是明末起义军中的一员，跟随张献忠转战南北，后来归顺南明政权。李定国曾在抗清之战中逼得清定南王孔有德自杀，甚至斩杀了清敬谨亲王尼堪。黄宗羲在《行朝录》中称李定国"两蹶名王，天下震动，此万历戊午以来全盛之天下所不能有"。但李定国最终也未能力挽狂澜，南明永历十六年（1662年），永历帝朱由榔被吴三桂派人勒死，李定国得知后悲痛郁愤，没过多久就在病中死去。

耿精忠是清朝的靖南王。康熙十二年（1673

年），吴三桂反叛，耿精忠起兵响应，事败后被凌迟处死。

吴三桂身为明将却背叛明朝，投降清朝后又背叛清朝、自立为帝，“三跪”形容的是他反复无常，可与吕奉先的“三姓家奴”并驾齐驱。

陆

卖鱼佬陈友谅登场：

读《三国演义》，品友谅悲剧

●●●○○ 大明通信　　100%

我家代代是奇葩（24）

朱元璋

人家南宋赵构整天逃亡，一度坐船漂泊在海上，就这样南宋还能存在那么久，你们南明的几个奇葩怎么这么废！

朱由崧

不怪我，我只丢了南京。

朱聿键

也不怪我，我只丢了福建。

朱由榔

更不怪我啊，我只丢了西南几个省。

朱由检

总不能怪我吧？我丢的只是北方。

朱元璋

看看你们说的还是人话吗？

●●●○○ 大明通信　　100%

我家代代是奇葩（24）

朱祁镇

你们说，有没有可能是咱们大明朝的祖制有那么一点点小问题……比如分封的王爷钱多事少，一个两个都想当皇帝——就是这些家伙把大明的国库都吃空了。

朱常洛

那我五弟瑞王朱常浩要哭了，到了婚龄我爸不管，向户部要结婚费用我爸不给，那点可怜的银子买冠服都不够，害得他成天哭穷要钱。

朱由崧

不对啊，爷爷万历对自己的儿子可大方了！比如我爸！

朱常洛

你爷爷眼里只有你爸朱常洵一个亲儿子！

朱棣

就像我爸爸眼里只有大哥朱标一个亲儿子！

●●●○○ 大明通信　100%

我家代代是奇葩（24）

朱标

！！！

朱常洛

我爸爸对我苛刻，对朱常浩抠门，就喜欢朱常洵，也不知道朱常洵怎么就这么得宠！

朱祁镇

太祖爷，看到了吧，朱家亲王都不怎么靠谱——包括某位郕王。

朱祁钰

@朱祁镇 你连祖宗的殉葬制度都敢废，是在教太祖爷做事吗?

朱祁镇

殉葬本来就不仁道，废除了大家都说好。太祖爷以一介布衣推翻了蒙元，也该推翻一些自古以来的坏制度。

朱祁钰

他真的在教太祖爷做事！

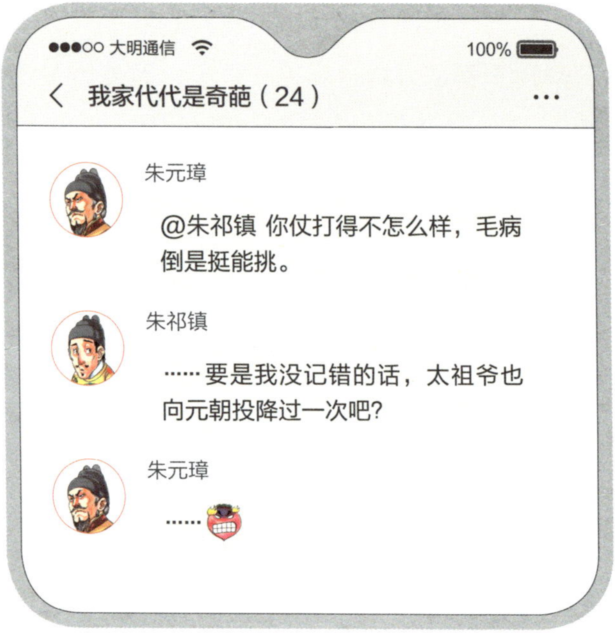

靖康之变后，宋廷陷入危机，刚登基的南宋皇帝赵构面临金朝的大军压境，不得不一路南逃，甚至跑到海上躲避金军追捕。

朱常浩是万历帝朱翊钧的第五子，明光宗朱常洛的异母弟，万历二十九年被封为瑞王。他与

福、惠、桂三王同日受封。朱常浩直到25岁仍未选婚，群臣上奏请万历帝重视其婚事，但万历帝竟不理睬。

🔈 郕王是朱祁钰登基之前的封号，英宗朱祁镇复辟后，朱祁钰复称郕王，朱祁钰死后，郕王无承袭。

🔈 据王圻《稗史汇编》记载，明英宗临崩时说："用人殉葬，吾不忍也。此事宜自我止，后世勿复为。"就此废除了明初以来所实行的嫔妃殉葬制度。

英宗崩，遗命东宫过百日成婚，不得以宫妃殉葬。

——《明史》

🔈 据刘辰《国初事迹》记载："太祖闻李察罕帖木儿下山东，江南震动，遣使通好。"当时朱元璋四面受敌，西有陈友谅，东有张士诚，北方还面临着察罕帖木儿的军事压力，于是"先遣杨宪往

彼通好”“又遣汪河往彼结援”（《国初群雄事略》）。通过外交示弱的方式麻痹元朝大军，进而为集聚粮草兵马、扫平南方群雄留出了操作空间。

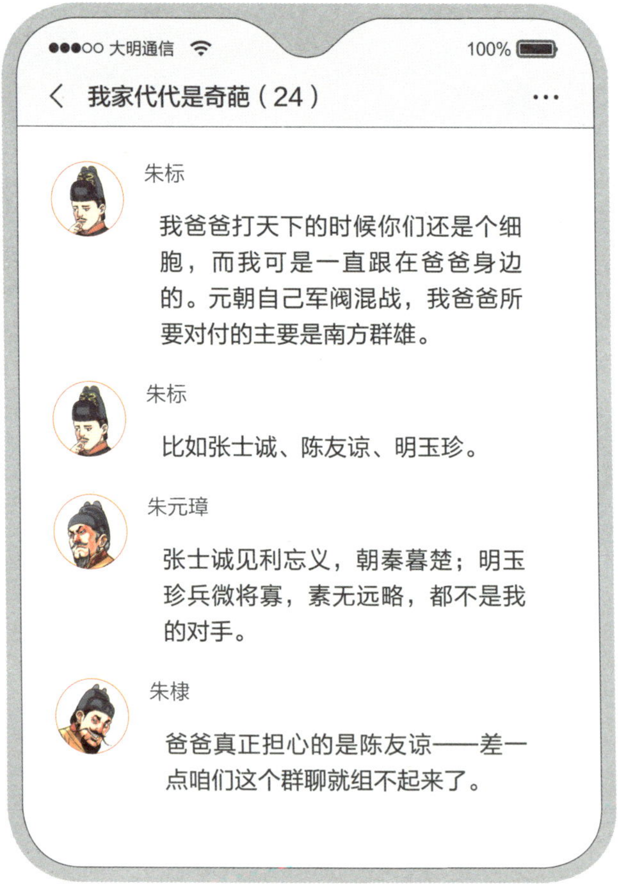

●●●○○ 大明通信　100%

我家代代是奇葩（25）

朱元璋

我看他还是老老实实在家卖鱼比较好。

朱棣

不过陈友谅最近喜提了一个雅号——“大明水师之父”。

朱元璋

什么？大明水师跟他有什么关系？我把他拉进来，你们一起问问他还要不要点face！

“陈友谅”通过扫描“朱元璋”分享的二维码加入群聊

陈友谅

我这是掉进猪窝了？

朱元璋

放屁！

陈友谅

拉我进来，怎么还骂起人来了！

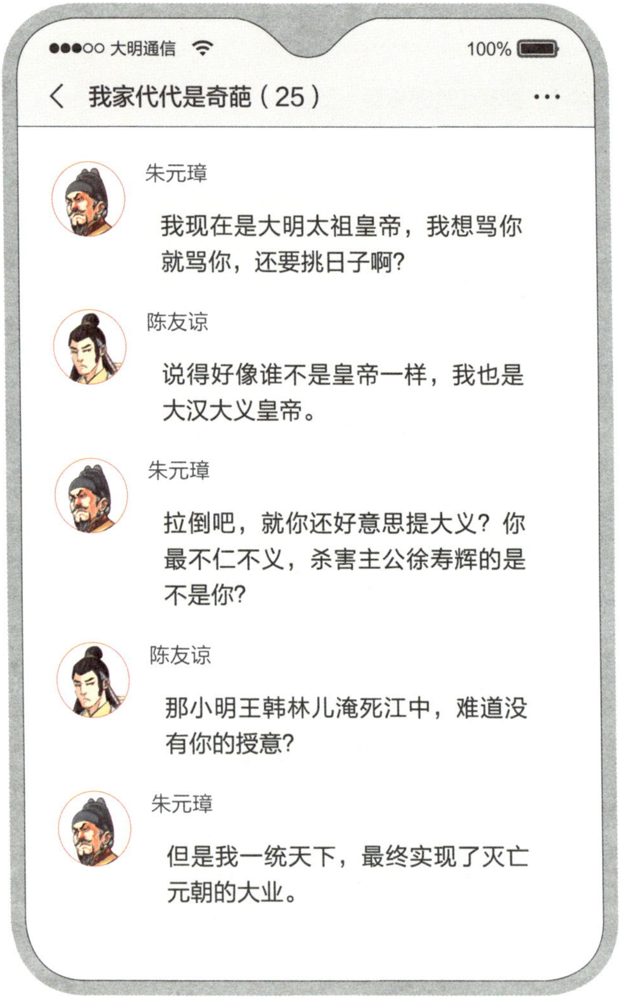
●●●○○ 大明通信
100%
我家代代是奇葩（25）
朱元璋
我现在是大明太祖皇帝，我想骂你就骂你，还要挑日子啊？
陈友谅
说得好像谁不是皇帝一样，我也是大汉大义皇帝。
朱元璋
拉倒吧，就你还好意思提大义？你最不仁不义，杀害主公徐寿辉的是不是你？
陈友谅
那小明王韩林儿淹死江中，难道没有你的授意？
朱元璋
但是我一统天下，最终实现了灭亡元朝的大业。

●●●○○ 大明通信　100%

我家代代是奇葩（25）

陈友谅

你也拉倒吧，你就北伐燕云驱赶了元顺帝，人家北元在蒙古草原还盘踞了好几十年。

朱元璋

那你为反元出什么力了？就知道在各路义军背后捅刀子。

陈友谅

……

朱元璋

我大明水师所向无敌，下西洋一往无前，复台湾驱逐荷兰，怎么你就成了“大明水师之父”了，大明跟你有什么关系啊？

陈友谅

你大明水师厉害，还不是沾了鄱阳湖大战的光？那时候你才几条破船，都是靠我刷的经验！

敲黑板

张士诚，原名张九四，出身盐贩，于元至正十三年（1353年）与弟弟张士德、张士信等人率盐丁起兵反元，曾在高邮称诚王，立国号大周，年号天祐。后又降元，受封太尉，割据浙西。至正二十三年（1363年）称吴王，至正二十七年（1367年）被朱元璋击败。

明玉珍，原名瑞，字玉珍，湖广随州人，他在元至正十三年（1353年）加入徐寿辉势力，成为其部将。至正二十年（1360年）陈友谅杀徐寿辉，明玉珍不服陈友谅，于是割据一方，立国号大夏，定都重庆。至正二十六年（1366年），明玉珍病故，其子明升继位。洪武四年（1371年）朱元璋灭夏国，次年下令将明升迁到高丽。

徐寿辉，蕲州罗田人，红巾军天完政权领袖。他本是卖布商人，于元至正十一年（1351年）聚众起义，后建立天完国。至正十六年（1356年），天

完国迁都汉阳，徐寿辉先后被丞相倪文俊、部将陈友谅架空。至正二十年（1360年），陈友谅杀害徐寿辉于采石。徐寿辉死后，陈友谅即皇帝位，国号汉，改元大义。

鄱（pó）阳湖大战是朱元璋和陈友谅之间发生的一场规模空前的水战。朱元璋以少胜多，击败陈友谅。陈友谅身死，其麾下舰只或被毁坏或被朱元璋缴获。

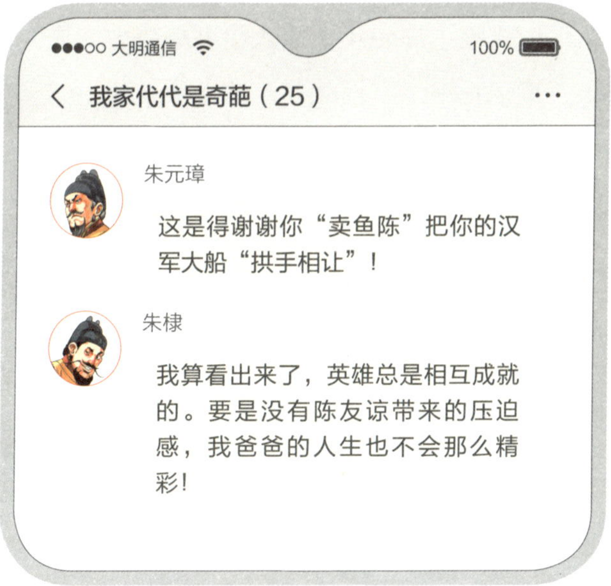

●●●○○ 大明通信　100%

我家代代是奇葩（25）

朱翊钧

这么说来，我孙子崇祯“君王死社稷”的美名还是靠李自成成就的了？

朱由检

？？？

朱元璋

我和陈友谅的交情最多就是项羽和刘邦的关系。

陈友谅

刘邦的大汉赢了，为什么我的大汉输了？

朱标

用楚汉打比方还是不够准确，毕竟陈友谅、张士诚，加上我爸爸，是在江南三足鼎立的。

朱厚熜

罗贯中的《三国演义》不会就是在隐喻他们三方吧？

●●●○○ 大明通信　　100%

我家代代是奇葩（25）

朱元璋

就你小说看得多！

朱厚熜

！！！

陈友谅

@朱厚熜 我们三方中，你们太祖爷出道最晚，连国号都是抄袭的！吴国本来是人家张士诚的，就连明朝的版权都是人家小明王的。

朱元璋

虽然小明王名字里带明，但是人家国号叫宋。

陈友谅

所以就把江山“送”给你了是吧？

朱瞻基

我是看出来了，国号叫宋的都喜欢送江山！

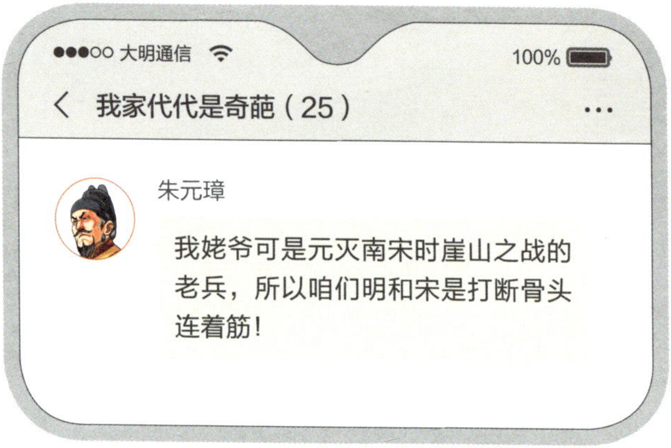

敲黑板

罗贯中，名本，字贯中，山西太原人，号湖海散人，元末明初小说家，代表作品《三国志通俗演义》。元至正十六年（1356年），客居江南的罗贯中到起义军领袖张士诚幕府作宾，并为其献计献策。至正二十三年（1363年）前后，罗贯中离开张士诚，数年后开始《三国演义》的写作，该书在明洪武初年完成。罗贯中在江南群雄混战的历史时期曾作为见证人出现在历史舞台的角落，这为他描写宏大战争场面提供了丰沛的素材，据说火烧赤壁的

经典桥段，其灵感就来源于朱元璋和陈友谅的鄱阳湖大战。

《明史》中记载了朱元璋外祖父陈公的生平："陈公，逸其名，淳皇后父也。"陈公曾在宋末名将张世杰麾下，与元兵交战，战败后士卒多溺死，而陈公侥幸得生。宋亡后，陈公在盱眙津里镇安家，其次女即明太祖朱元璋的母亲。

●●●○○ 大明通信
100%
我家代代是奇葩（25）
陈友谅
什么？老朱你最后还是收了王保保？
朱元璋
是我儿子收了王保保的妹妹观音奴！
朱厚熜
观音奴是不是《倚天屠龙记》里的赵敏？
朱元璋
嘉靖！你不上朝不会是为了看小说吧？
朱厚熜
呃，倒也不是！
陈友谅
听说当年老朱你为了收伏王保保，至少写了七封信劝其归附。还说过“吾不能臣王保保，其人奇男子也”。

●●●○○ 大明通信　　100%

我家代代是奇葩（25）

朱元璋

所以，我夸过你是奇男子吗?

陈友谅

？？？

朱棣

我爸爸给陈友谅、张士诚盖棺定论：“友谅志骄、士诚器小，志骄则好生事，器小则无远图。”

陈友谅

你放屁，老子用你夸？我本来就是江汉一霸。

朱棣

可惜你的儿子当不了江汉一霸了，只能当个“汉江欧巴”。

陈友谅

什么意思?

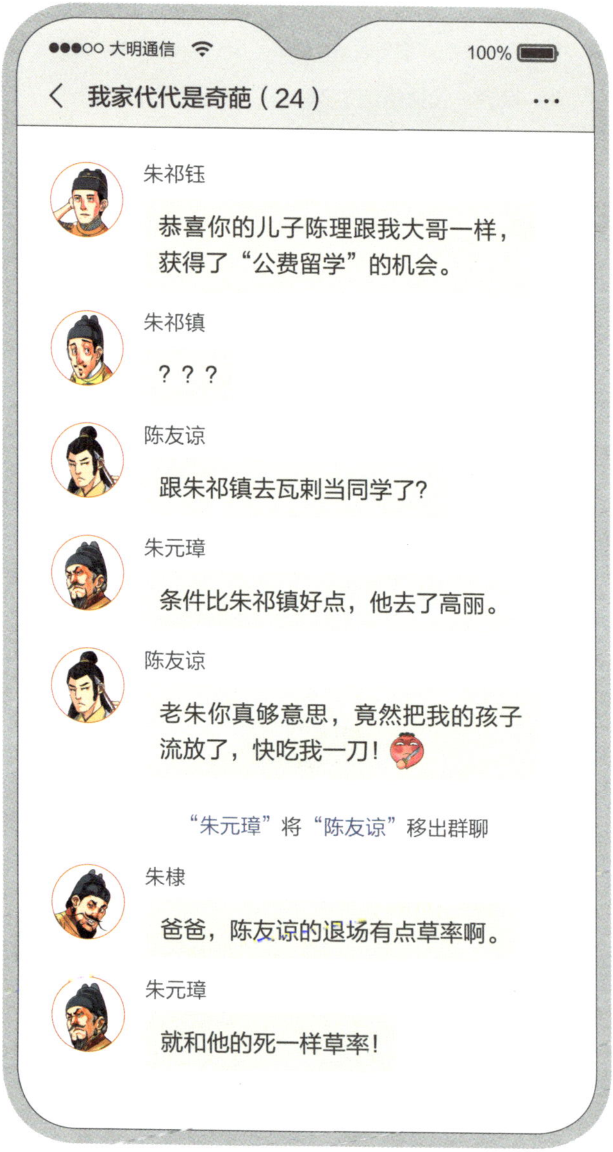
●●●○○ 大明通信
100%
我家代代是奇葩（24）
朱祁钰
恭喜你的儿子陈理跟我大哥一样，获得了“公费留学”的机会。
朱祁镇
？？？
陈友谅
跟朱祁镇去瓦剌当同学了?
朱元璋
条件比朱祁镇好点，他去了高丽。
陈友谅
老朱你真够意思，竟然把我的孩子流放了，快吃我一刀！
“朱元璋”将“陈友谅”移出群聊
朱棣
爸爸，陈友谅的退场有点草率啊。
朱元璋
就和他的死一样草率！

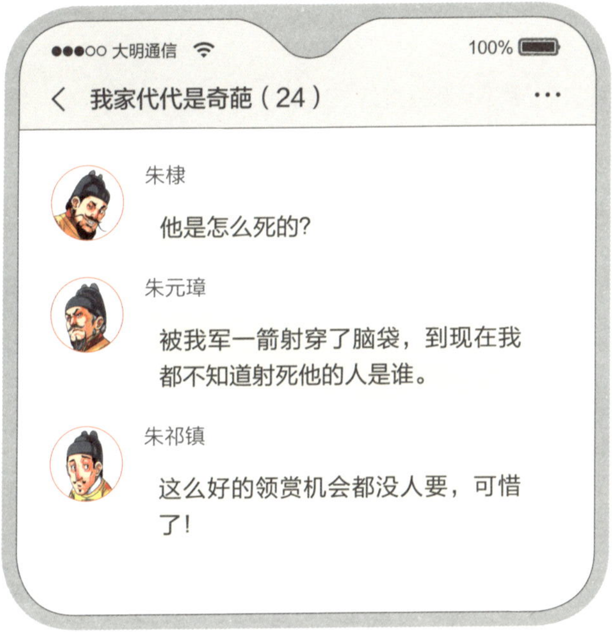

敲黑板

王保保是元末名将。朱元璋一直想招降他，曾问部下：“天下奇男子谁也？”诸将都说常遇春能够带领万人之军纵横天下，是奇男子，但朱元璋却认为王保保是奇男子，就连自己都无法令他归顺。姚福的《青溪暇笔》记载，明朝人在吹嘘自己的时候，常会被人讥讽“尝西边拿得王保保来耶（怎么

不去把王保保抓来）”，王保保成了明朝这一谚语的主角。

一日，（朱元璋）大会诸将，问曰：“天下奇男子谁也？”皆对曰：“常遇春将不过万人，横行无敌，真奇男子。”太祖笑曰：“遇春虽人杰，吾得而臣之。吾不能臣王保保，其人奇男子也。”竟册其妹为秦王妃。

——《明史》

陈理，陈友谅次子，其兄为陈善儿。元至正二十三年（1363年），陈友谅与朱元璋大战于鄱阳湖，中流矢而死。陈友谅死后，汉太子陈善儿被俘，汉将张定边等人在武昌立陈理为帝，改元德寿。次年，朱元璋兵临武昌，陈理出降，陈汉灭亡，陈理被封为归德侯，洪武五年（1372年）被流放高丽。

柒

大明一哥王阳明：

为什么会有那么多人“一生伏首拜阳明”

●●●○○ 大明通信 100%

我家代代是奇葩（24）

朱元璋

最近有个传闻说天底下一共就两个半圣人，一个是至圣先师孔子，一个是心学阳明先生，另外半个是清朝的曾国藩。你们怎么看？

朱厚照

我朝的王阳明文武兼备，是心学的集大成者，他的思想还传到了日本、朝鲜等国，弟子极多，是个圣人。

朱厚熜

什么叫你朝的王阳明，那是我朝的王阳明！

朱厚照

你把王阳明雪藏六年，还好意思来抢人？

朱厚熜

那他帮你平定叛乱，也没见你给他封什么赏！

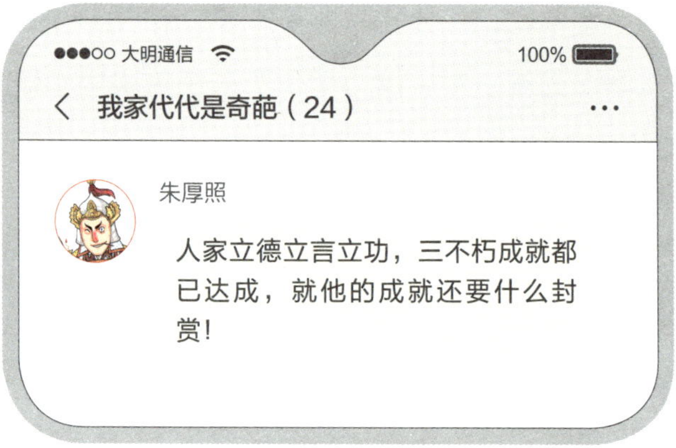

敲黑板

王阳明，本名王守仁，字伯安，明孝宗弘治十二年（1499年）进士，仕孝宗、武宗、世宗三朝，历任刑部主事、龙场驿丞、庐陵知县、右佥都御史、南赣巡抚、两广总督等职。王阳明是“阳明心学”的创始人，明朝中期最为重要的儒家学者。他的许多事迹都与战争有关，是明朝为数不多的以武立功封侯的文臣。

王阳明最为知名的是他的思想成就，他创立“姚江学派”，提倡“心即理”“知行合一”“致

良知”等学说，后分化为浙中王学、江右王学和泰州王学等七派，对后世乃至整个东亚的儒学思想影响极大，被称为心学的集大成者。

《左传·襄公二十四年》记载：“太上有立德，其次有立功，其次有立言，虽久不废，此之谓不朽。”在古人看来，人要做到名垂千古，死而不朽，就要完成立德、立功、立言三项伟业。唐朝人孔颖达曾指出，“立德，谓创制垂法，博施济众”“立功，谓拯厄除难，功济于时”“立言，谓言得其要，理足可传”。

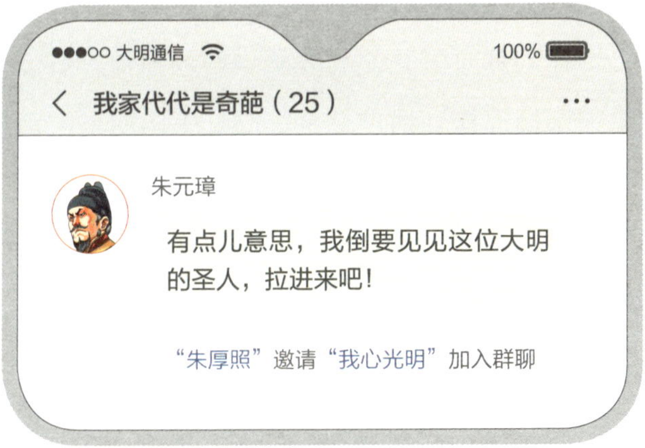

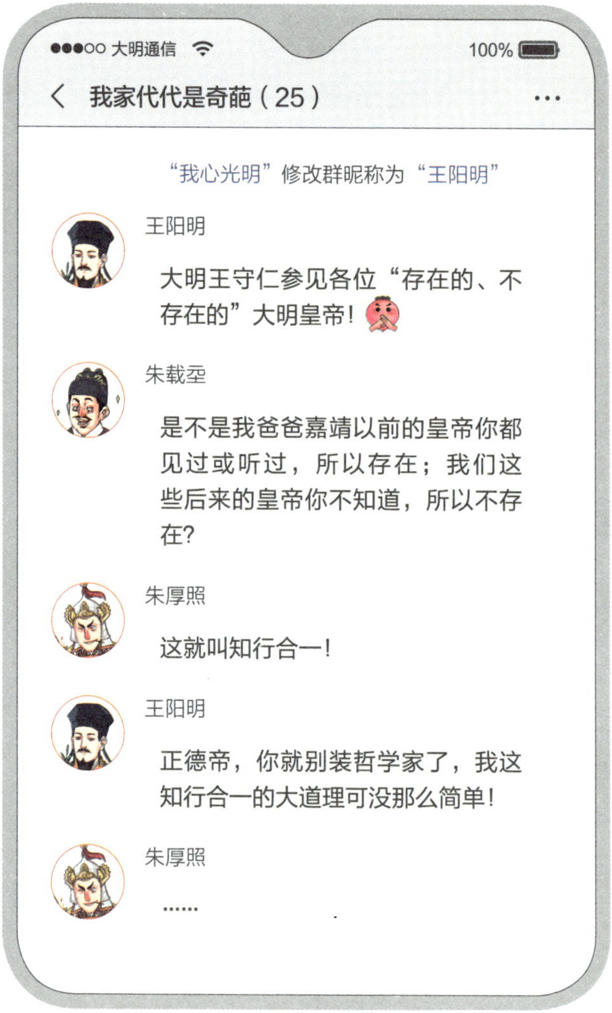
●●●○○ 大明通信
100%
我家代代是奇葩（25）
“我心光明”修改群昵称为“王阳明”
王阳明
大明王守仁参见各位“存在的、不存在的”大明皇帝！
朱载垕
是不是我爸爸嘉靖以前的皇帝你都见过或听过，所以存在；我们这些后来的皇帝你不知道，所以不存在？
朱厚照
这就叫知行合一！
王阳明
正德帝，你就别装哲学家了，我这知行合一的大道理可没那么简单！
朱厚照
……

●●●○○ 大明通信 100%

我家代代是奇葩（25）

朱由校

@王阳明 你这些大道理，都是在哪个菜市场买的?

朱由检

亲哥，你这半文盲就别跟圣人对线了。

朱由校

？？？

朱元璋

听说你是圣人，那与我家前算五百年后算五百年的刘伯温比如何?

王阳明

圣人不敢当，我岂能跟诚意伯刘伯温这种开国元勋相提并论。

敲黑板

知行合一，是阳明心学的一个核心概念，中国古代的思想家经常探讨“知”“行”的关系。宋代哲学家程颐曾说：“君子之学，必先明诸心，知所养，然后力行以求至，所谓自明而诚也。”表达了“知先行后”的观点。但王守仁认为，认识事物的道理与实行其事是密不可分的，“知为行之始，行为知之成”，因此要“知行合一”“致良知”。

刘伯温，本名刘基，字伯温，浙江青田人。元末明初政治家、文学家。洪武三年（1370年），受封诚意伯。其仕途在明朝开国文臣中算不上显赫，但因精通天文、兵法、数理等技艺，而受到后世推崇，演绎出许多神机妙算的故事，民间有句古话，“三分天下诸葛亮，一统江山刘伯温”。

●●●○○ 大明通信　100%

我家代代是奇葩（25）

朱厚熜

@王阳明 我不是也给你封了个伯爵吗，比某些人强多了。

朱厚照

就你大方！

朱载坖

后来我给了王阳明新建侯的封号，谥号文成，算是替我爸爸做的一种补偿吧。

朱翊钧

我万历年间把王阳明抬进孔庙，直接让他达到了文人的最高成就。

王阳明

功名利禄，过眼烟云，我要时刻牢记自己的个性签名。

朱元璋

你的个性签名是啥呀?

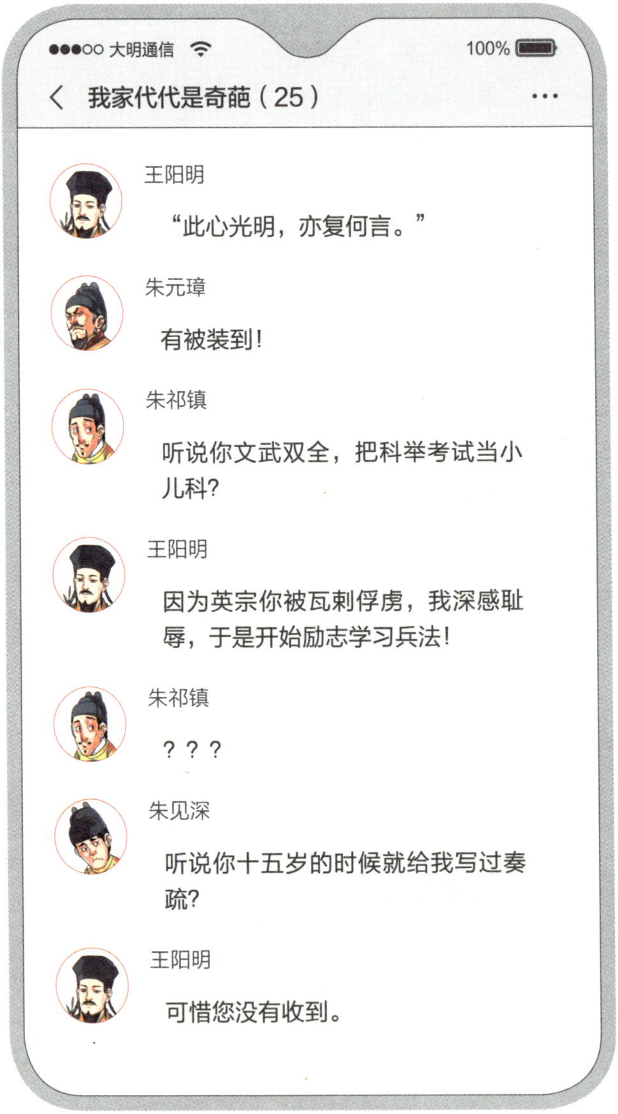
●●●○○ 大明通信
100%
我家代代是奇葩（25）
王阳明
“此心光明，亦复何言。”
朱元璋
有被装到！
朱祁镇
听说你文武双全，把科举考试当小儿科？
王阳明
因为英宗你被瓦剌俘虏，我深感耻辱，于是开始励志学习兵法！
朱祁镇
？？？
朱见深
听说你十五岁的时候就给我写过奏疏？
王阳明
可惜您没有收到。

●●●○○ 大明通信 100%

我家代代是奇葩（25）

朱见深

什么情况?

王阳明

我十五岁的时候是1487年，正是您驾崩的那一年！

朱见深

……

朱祐樘

听说你对着竹子格了七天七夜，生了一场大病?

王阳明

要是没有对程朱理学的怀疑，怎能脱胎换骨，开山立派！

朱聿键

听说你也被流放过，到贵州大山里当驿丞?

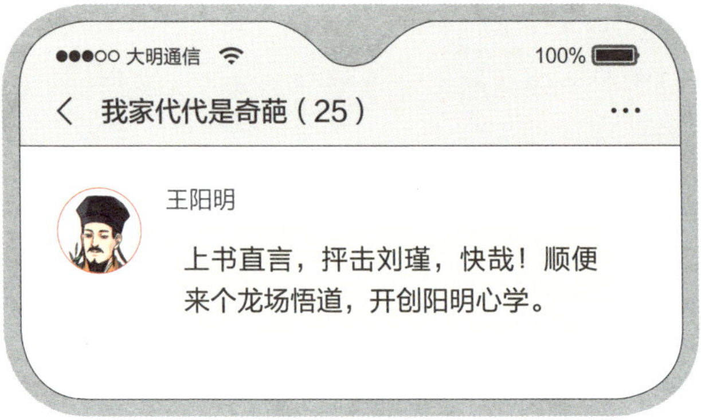

敲黑板

明代钱德洪编著的《王文成公年谱》中记载：“五年壬子，先生二十一岁……官署中多竹，即取竹格之，深思其理不得，遂遇疾。先生自委圣贤有分，乃随世就辞章之学。”青年王守仁就竹子推究事物原理，但最终一无所获，从此开启了对宋儒思想的怀疑，并走向了自己的心学之路。

先生曰：“众人只说格物要依晦翁，何曾把他的说去用？我着实曾用来。初年与钱友同论做圣贤要格天下之物，如今安得这等大的力量？因指亭前

竹子，令去格看。钱子早夜去穷格竹子的道理，竭其心思，至于三日，便致劳神成疾。当初说他这是精力不足，某因自去穷格。早夜不得其理，到七日，亦以劳思致疾。遂相与叹圣贤是做不得的，无他大力量去格物了。及在夷中三年，颇见得此意思，乃知天下之物本无可格者，其格物之功，只在身心上做。决然以圣人为人人可到，便自有担当了。这里意思，却要说与诸公知道。”

——《传习录》

《明史》记载：“正德元年冬，刘瑾逮南京给事中御史戴铣等二十余人。守仁抗章救，瑾怒，廷杖四十，谪贵州龙场驿丞。”王守仁因反对宦官刘瑾，被谪贬至贵州龙场当驿丞。这里山高谷深，条件艰苦，是很多人眼中的“化外之地”，但王守仁却十分珍视这里的质朴和安静，日夜反省自己所读的书和所经历的事，形成了“圣人之道，吾性自足，向之求理于事物者误也”的认识，叩开了阳明心学的大门。

●●●○○ 大明通信　100%

我家代代是奇葩（25）

朱厚照

王阳明不光正直敢言，还很会明哲保身。

朱厚熜

正因为有道有术，所以才会那么多人“一生伏首拜阳明”。

朱厚照

王阳明是我正德的功臣！

朱厚熜

王阳明是我嘉靖的股肱！

朱祐樘

你俩不要抢了，王阳明是我弘治年间选出来的人才，跟唐伯虎同时“出镜”的那种。

朱元璋

唐伯虎很有名啊，是什么“吴中四才子”之一，他的画是我大明最值钱的文物之一了。

●●●○○ 大明通信　　100%

我家代代是奇葩（25）

王阳明

很可惜，唐伯虎卷入徐经科场舞弊案，坐罪入狱，后游荡江湖，连个正经工作都没混上。

朱厚照

说到科举，你们是不知道考场上的王阳明有多狂，内阁首辅李东阳都夸过他，这次不中状元，下次必中状元！

朱元璋

那他到底中没中状元？

王阳明

没中！

朱元璋

……

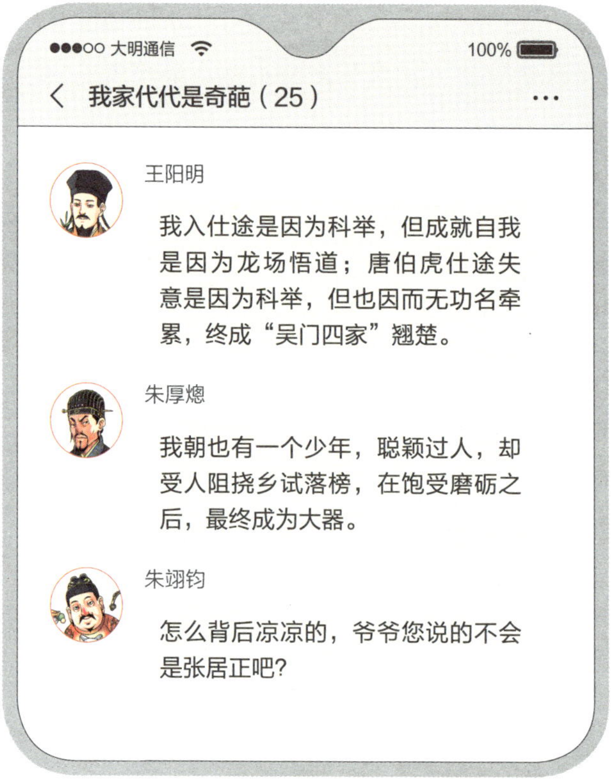

敲黑板

唐寅，字伯虎，苏州府吴县（今江苏省苏州市）人，明朝著名画家、书法家、诗人。唐伯虎少年时就以才名闻于吴中，科举之路也顺风顺水，但

在弘治十二年（1499年），年近三十的他卷入了徐经科场舞弊案，被黜为浙藩小吏，他深感耻辱，坚决不去赴任，科场失意后紧跟着又是夫妻失和，唐伯虎连遭打击，于是自暴自弃，将一身才学埋没于诗画之间。在绘画上，唐伯虎与沈周、文徵明、仇英并称“吴门四家”；在诗文上，唐伯虎与祝允明、文徵明、徐祯卿并称“吴中四才子”。

张居正，字叔大，号太岳，湖广江陵（今湖北省荆州市荆州区）人，明朝著名政治家、改革家，官至内阁首辅，辅佐万历皇帝推行“万历新政”。张居正少年时即聪颖过人，在乡里名声显达，后在参加乡试时受到湖广巡抚顾璘的“阻挠”而落榜。顾璘怕张居正少年成名，养成轻浮骄傲的性格，走上唐伯虎的老路，希望他多受磨砺，以成大器。嘉靖十九年（1540年），张居正通过乡试，成为举人，顾璘解下犀带赠予张居正，望他能成为“将相之才”。

●●●○○ 大明通信　　100%

我家代代是奇葩（25）

朱厚熜

没有张居正，你的万历中兴才会“凉凉”！

朱翊钧

谁当皇帝不是借力打力？爷爷您不也是捡了宁王之乱的便宜吗？

朱棣

你们看，我就说宁王危险吧！

朱高炽

当初宁王在塞外坐拥数万兵马，连我爸爸都忌惮三分，后来把他迁到江西，可没想到他的子孙朱宸濠还是造反了。

王阳明

但是朱宸濠可没有太宗皇帝的运气，朱宸濠造反的时候祭天，祭品掉了一地；水师出兵东进，船被暴风摧毁。

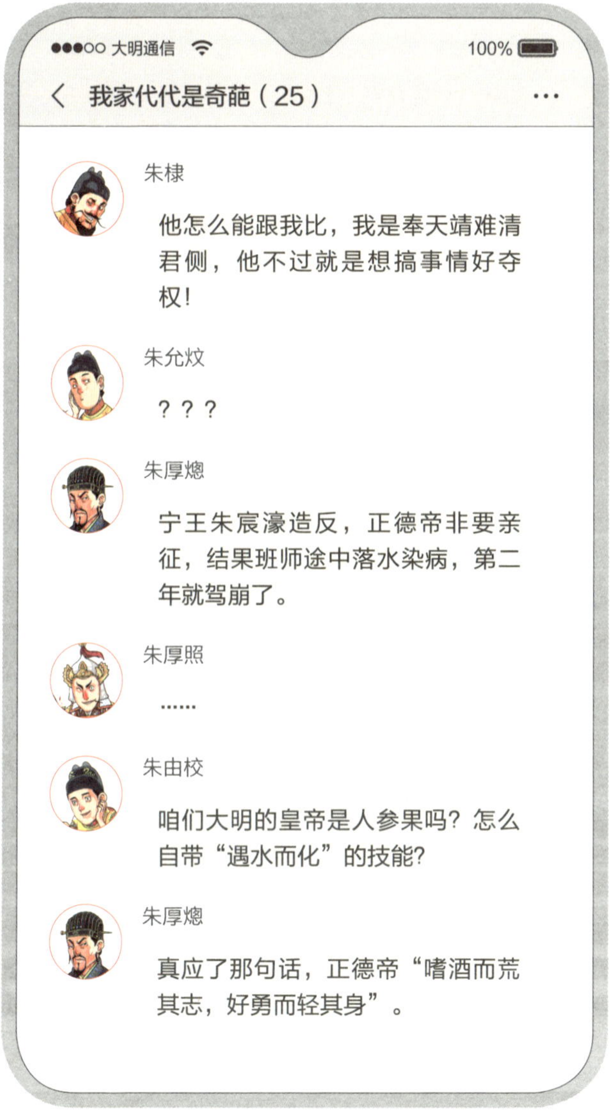
●●●○○ 大明通信
100%
我家代代是奇葩（25）
朱棣
他怎么能跟我比，我是奉天靖难清君侧，他不过就是想搞事情好夺权！
朱允炆
？？？
朱厚熜
宁王朱宸濠造反，正德帝非要亲征，结果班师途中落水染病，第二年就驾崩了。
朱厚照
……
朱由校
咱们大明的皇帝是人参果吗？怎么自带“遇水而化”的技能？
朱厚熜
真应了那句话，正德帝“嗜酒而荒其志，好勇而轻其身”。

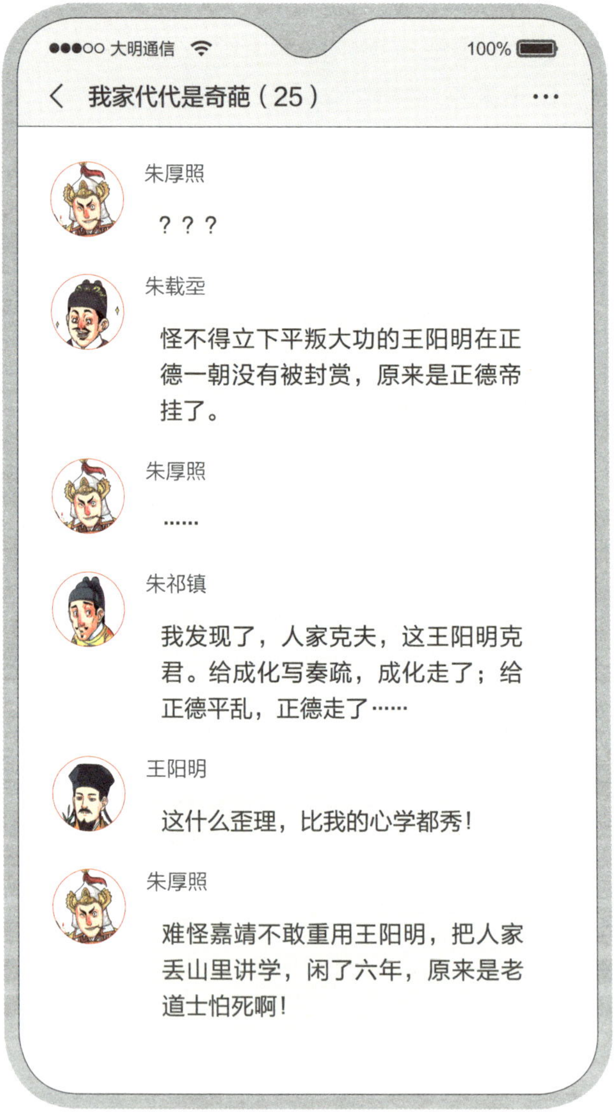
●●●○○ 大明通信
100%
我家代代是奇葩（25）
朱厚照
？？？
朱载垕
怪不得立下平叛大功的王阳明在正德一朝没有被封赏，原来是正德帝挂了。
朱厚照
……
朱祁镇
我发现了，人家克夫，这王阳明克君。给成化写奏疏，成化走了；给正德平乱，正德走了……
王阳明
这什么歪理，比我的心学都秀！
朱厚照
难怪嘉靖不敢重用王阳明，把人家丢山里讲学，闲了六年，原来是老道士怕死啊！

●●●○○ 大明通信 100%

我家代代是奇葩（25）

朱厚熜

广西叛乱的时候，我还是第一时间想到了王阳明的。

朱厚照

得不到的永远在骚动，留给你了又不用。浪费人才！

朱载坖

阳明先生的能耐世间罕见，我评价他“两肩正气，一代伟人，具拨乱反正之才，展救世安民之略”。

朱翊钧

阳明先生不知道自己身后有多少粉丝，@王阳明 不仅成了畅销书主角，还被粉丝们设计了“一生伏首拜阳明”的口号。

王阳明

虽然如此，我还是一肩明月两袖清风，毕竟破山中贼易，破心中贼难。

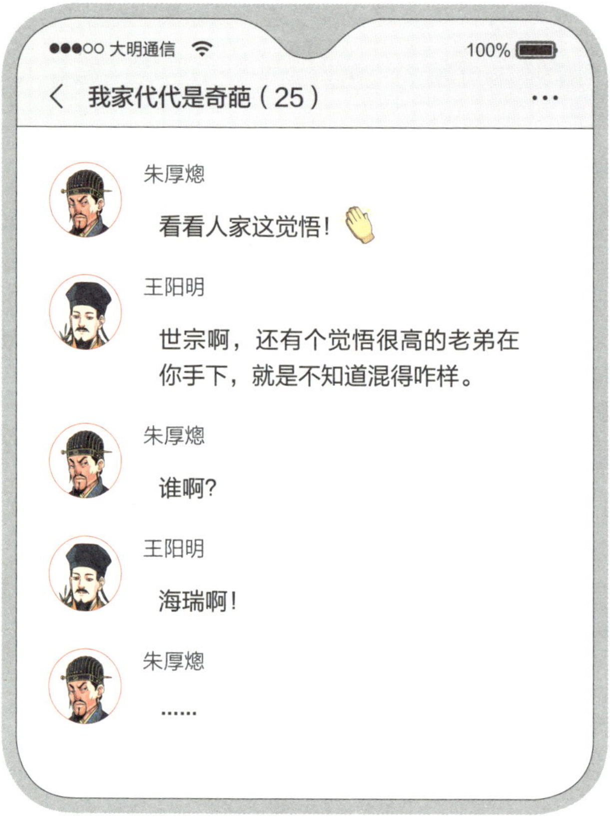

敲黑板

朱权是朱元璋第十七子，被封为宁王，藩地为关外的大宁。大宁东连辽左，西接宣府，为塞北大

镇。朱权的军队人数众多，战力强悍，在靖难之役中为朱棣出力颇多。在朱棣夺得天下后，为打消兄长对自己兵强马壮的忌惮，朱权亲自呈请改封内地，获得批准后，一直在江西新藩韬光养晦，弹琴读书。

🔈 朱宸濠是朱权的玄孙，第四代宁王。正德十四年（1519年），朱宸濠起兵造反，终为南赣巡抚王守仁击败。正德十五年（1520年），朱宸濠论罪伏诛，宁藩封国被废除。

🔈 阳明心学拥有大批追随者，对海外各国也有着很深的影响。孙中山曾就阳明心学对日本的影响发表过如此评价："日本的旧文明皆由中国传入，五十年前维新诸豪杰，沉醉于中国哲学大家王阳明的'知行合一'说。"

捌

海青天进群发言，嘉靖帝浑身难受：

“不听不听，海瑞念经！”

●●●○○ 大明通信　　100%

〈 我家代代是奇葩（25） …

朱厚照

上次海瑞申请进群就被嘉靖给拒绝了！

朱聿键

我朝能拿得出手的清官名臣太少了，怎么能拒绝于谦、海瑞这样的贤臣进群呢？

朱翊钧

像张居正那种捞了不少钱的倒是可以拒绝！

朱厚熜

……

朱元璋

为什么大明的清官这么少？

朱棣

爸爸，咱们大明的工资标准是历朝历代最低的，这操作你懂的！

●●●○○ 大明通信　　100%

我家代代是奇葩（25）

朱元璋

怎么，嫌我定的工资太低？

朱聿键

报告！顾炎武说“自古百官俸禄之薄，未有如此者”。

朱元璋

我呸！我给的俸禄足够他们养家糊口了！穷不是当贪官的理由！

朱聿键

呃……明朝后期还有用胡椒香料当薪水的。

朱元璋

？？？

朱允炆

胡椒折俸在永乐年间就有过。

敲黑板

王琼《双溪杂记》记载："国初定制，百官俸给，皆支本色米石，如知县月支米七石，岁支米八十四石，足勾养廉用度。"其实明朝官员工资水平低是后世产生的一种刻板印象，明朝初期的工资水平还是符合当时的经济发展实际的。明朝初年，百废待兴，官员的薪资水平还是可以轻松养家的，但随着经济的不断发展，成为"定制"的官员俸禄就难以招架各项开支了。永乐年间，开始实行"本色""折色"的薪资制度，"本色"为实发禄米，部分折银折绢，"折色"则折合成白银或钞票，但随着明代后期白银价值的持续走低，钞票信用逐渐崩坏，便产生了"乃今一统之盛，宰相月俸犹不能半此，则近代之俸可谓至薄矣"的薪资问题。

根据《明太宗实录》《明仁宗实录》《明宣宗实录》等文献记载，永乐年间开始实行胡椒苏木折俸，如"定永乐二十年至二十二年文武官俸钞，俱折支胡椒、苏木"。此后的洪熙、宣德年间延续了

这些做法，如“宣德八年京师文武官俸米折钞，请给与胡椒、苏木，胡椒每斤准钞一百贯，苏木每斤准钞五十贯，南北二京官各于南北京库支给”。

●●●○○ 大明通信　100%

我家代代是奇葩（26）

海瑞

十六宫女掌控全局吗?

朱厚熜

什么鬼!

海瑞

嘉靖是不是对“无为而治”和“偷懒摆烂”有什么误解?

朱厚照

好家伙，敢骂皇帝的进来了！有好戏看了!

朱由校

自制小板凳十块钱一把，另送瓜子一袋，有需要的没有?

朱厚熜

上一个骂皇帝的已经被永乐帝诛十族了，海刚峰你掂量着点!

海瑞

……

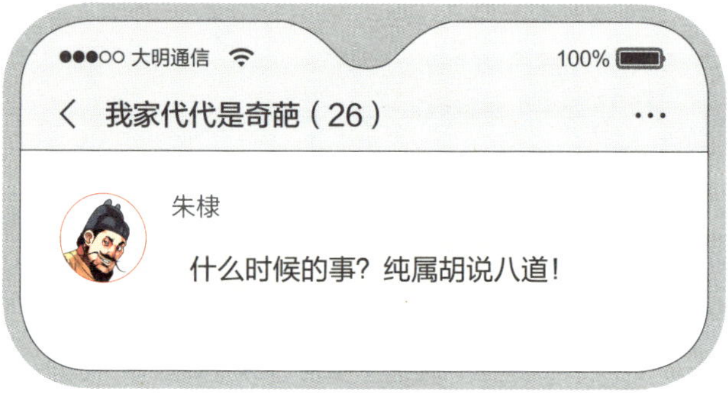

敲黑板

方孝孺被朱棣诛杀“十族”的记载，出现在《熹宗实录》《宁海县志》《明史纪事本末》以及黄宗羲的一些记载中，许多材料都距离靖难年间较为遥远。《明通鉴》仅记载“杀兵部尚书齐泰、太常寺卿黄子澄、文学博士方孝孺，皆夷其族”。据《明史》记载：“孝孺绝无后，惟克勤（方孝孺父亲）弟克家（方孝孺叔叔）有子曰孝复（方孝孺堂弟）……孝复子琬（方孝孺侄儿），后亦得释为民。”说明方孝孺家族并没有真的被完全夷灭。

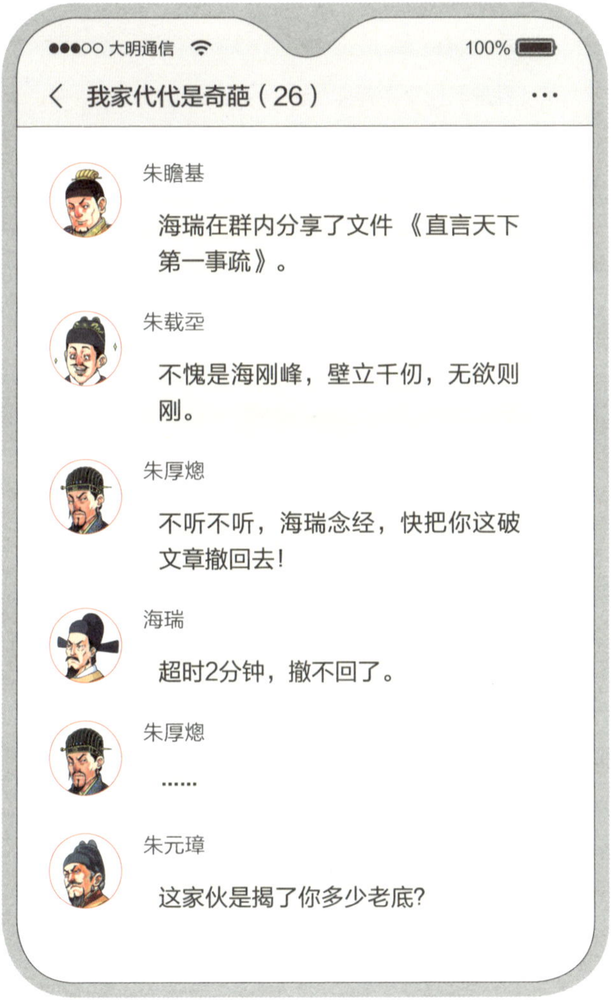
●●●○○ 大明通信
100%
我家代代是奇葩（26）
朱瞻基
海瑞在群内分享了文件《直言天下第一事疏》。
朱载坖
不愧是海刚峰，壁立千仞，无欲则刚。
朱厚熜
不听不听，海瑞念经，快把你这破文章撤回去！
海瑞
超时2分钟，撤不回了。
朱厚熜
……
朱元璋
这家伙是揭了你多少老底?

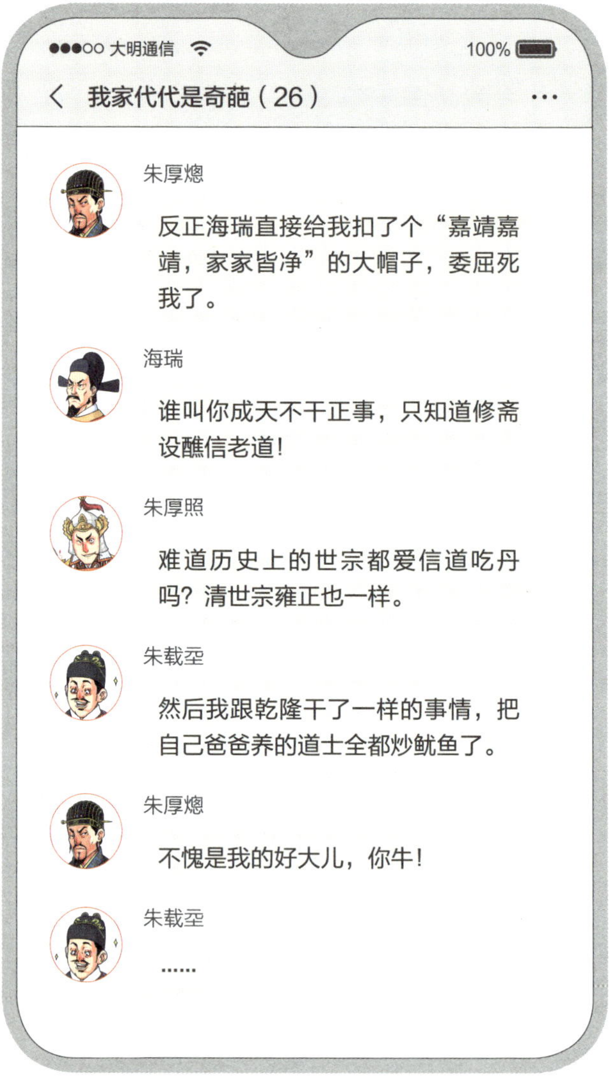
●●●○○ 大明通信
100%
我家代代是奇葩（26）
朱厚熜
反正海瑞直接给我扣了个“嘉靖嘉靖，家家皆净”的大帽子，委屈死我了。
海瑞
谁叫你成天不干正事，只知道修斋设醮信老道！
朱厚照
难道历史上的世宗都爱信道吃丹吗？清世宗雍正也一样。
朱载垕
然后我跟乾隆干了一样的事情，把自己爸爸养的道士全都炒鱿鱼了。
朱厚熜
不愧是我的好大儿，你牛！
朱载垕
……

●●●○○ 大明通信　　　100%

我家代代是奇葩（26）

朱厚照

唐朝韩愈一篇《论佛骨表》惹怒唐宪宗，被流放岭南，老道士肯定没少折腾海瑞。

海瑞

这点我还挺欣慰的，嘉靖帝不但没有流放我，还把我的上疏反反复复读了很多遍，称赞我说的都对。

朱厚照

？？？

朱厚熜

嘿嘿，朱大将军失算了吧?

海瑞

但他有把我关进诏狱！

朱厚熜

！！！

朱厚照

我就说嘛，老道士可没这么大度！

●●●○○ 大明通信 100%

我家代代是奇葩（26）

朱厚熜

哼，这叫恩威并施。

朱厚照

我看是叫喜怒无常！

朱厚熜

滚！

朱载垕

爸爸，人家海瑞对你才是真爱，听说你驾崩了，他都气吐了。

朱厚熜

这是什么邪门的爱意表达方式?

海瑞

这都怪狱卒！他以为嘉靖驾崩后，我能得到重用，于是准备了好酒好肉款待我一顿，我效忠的皇帝都没了，我怎么还能吃得下?！

敲黑板

海瑞的《直言天下第一事疏》（《治安疏》）作于嘉靖四十四年（1565年）十月，内容主要为指责明世宗朱厚熜迷信道教，“二十余年不视朝”，在治国上存在过错，导致“吏贪将弱”“民不聊生”。此疏振聋发聩，被明人誉为“大有功于宗庙社稷，垂之千万年不磨。盖从万死一生中，树节于我朝廷者”。

嘉靖皇帝在明朝历史上是一个很特殊的存在，他以自己独特的个性、多变的手段，在明朝中晚期的核心权力场上始终立于不败之地，但其遗留的各种弊政也令继承者隆庆皇帝朱载坖头疼不已。朱载坖继位后，下令拆毁道观神坛，禁止斋醮，问罪于嘉靖朝受宠的方士，甚至取消祖父睿宗朱祐杬在宗庙中的部分优待，呈现出了拨乱反正的气象。

韩愈，字退之，世称“韩昌黎”，中唐官员、文学家，为唐宋八大家之首。唐代前期的皇帝主要

崇敬道教，而中晚唐时期佛教日渐兴盛，元和十四年（819年）正月，唐宪宗派使者前往凤翔迎佛骨。当时在京为官的韩愈，以博古通今之文笔上《论佛骨表》劝谏唐宪宗不要沉迷佛事。唐宪宗览奏大怒，将韩愈贬为岭南的潮州刺史。

嘉靖帝驾崩后，看管监狱的官员认为海瑞会被释放获得重用，于是准备盛宴款待海瑞，海瑞吃下后才被告知原委。得知真相的海瑞悲痛大哭，呕吐后昏迷不醒。朱载垕继位后，赦免海瑞等谏臣，海瑞改在兵部任职。

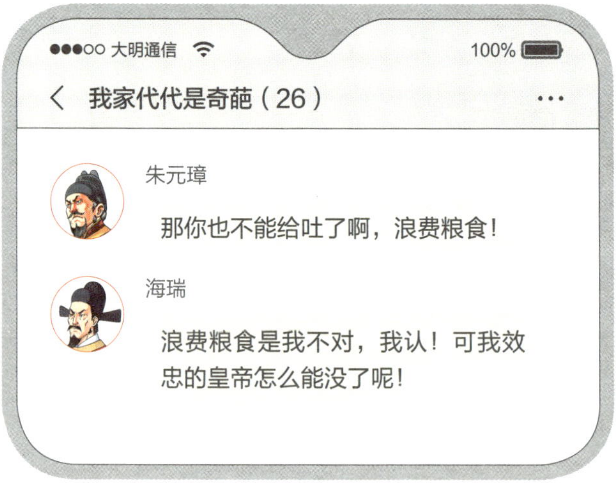

●●●○○ 大明通信 100%

我家代代是奇葩（26）

朱载坖

那来效忠我吧！

朱厚照

老道士前半辈子遇到阿谀奉承的严嵩，信任不疑；后半辈子遇到赤胆忠心的海瑞，置之不理。论识人之明他绝对排“第一”。

朱厚熜

你少在这儿讽刺我！你要是能活到我这岁数，可能还不如我！

朱厚照

……

朱元璋

嘉靖放纵严党害死了不少忠臣是吧？

朱厚熜

太祖爷杀的功臣也不少吧！

●●●○○ 大明通信 100%

我家代代是奇葩（26）

朱元璋

我呸！我要不收拾那些骄兵悍将，没准这天下就不姓朱了！你们一个个现在翅膀硬了，敢跟我呛了？

朱厚熜

……

朱祁镇

……

朱载坖

我爸爸信了一辈子道，都不懂得“过犹不及”的道理。你看我，给杨继盛追赠“直谏诸臣之首”，给沈炼遗孤安排工作，任用海瑞巡抚江南，我要不是明君，谁还能称得上明君？

敲黑板

杨继盛，字仲芳，号椒山，明朝嘉靖时期谏臣。嘉靖二十六年（1547年），杨继盛进士及第，开启仕途，在官场沉浮数年，对严嵩一党把持朝政的现象十分厌恶，于嘉靖三十二年（1553年）上疏力劾严嵩罪状，遭诬陷下狱，于嘉靖三十四年（1555年）遇害，年四十。朱载垕继位后，追赠杨继盛为太常少卿，谥号“忠愍（mǐn）”。

沈炼，字纯甫，号青霞山人，明朝嘉靖时期官员。他为人嫉恶如仇，也曾参与弹劾严嵩，最终于嘉靖三十六年（1557年）被害。隆庆元年，朱载垕追赠沈炼为奉议大夫、光禄少卿，万历三十八年（1610年）追赠沈炼谥号“忠愍”。

●●●○○ 大明通信
100%
我家代代是奇葩（26）
朱厚熜
你的所作所为的确可称明君，只可惜是个“小透明君”。
朱载坖
……
海瑞
我在江南还是干了点事情的，比如推行“一条鞭法”，修整水利设施，安抚贫困百姓。
朱厚熜
你看，你的确不贪污银子，但你贪图名声。
海瑞
我这不还是替你们当皇帝的挽救人设吗？本来你嘉靖中兴，吸粉无数，混了四十五年，天下人都粉转黑了。
朱翊钧
句句没提到我，句句不离开我！

●●●○○ 大明通信　100%

我家代代是奇葩（26）

海瑞

啊，万历帝啊，我也有话对你说！

朱翊钧

打住！@朱元璋 太祖爷，海瑞让我恢复祖制，剥皮实草惩治贪污，定律枉法达八十贯就判处绞刑……

朱元璋

这也没什么不对啊？对付这帮玩意儿，下手就得狠！

朱翊钧

好吧！

朱厚熜

海瑞对别人狠，对自己人更狠，他曾经饿死了自己的女儿。

海瑞

虽然我个性刚强，尽人皆知，但饿死女儿的事纯属胡扯，那都是后世人瞎编的。

●●●○○ 大明通信　　100%

我家代代是奇葩（26）

朱载坖

对的，海瑞有三子三女，儿子们都夭折了，女儿们都嫁人了。

朱元璋

难怪海瑞天不怕，地不怕，原来是人间没牵挂！

海瑞

太祖爷，知己！

朱元璋

我也一样，晚年丧妻丧子，只要江山永固，我还在乎什么！

朱翊钧

海瑞要是生在太祖洪武年间，一定跟太祖爷是绝佳CP（搭档）。

朱载坖

海瑞平常就吃素，只在给老母过寿的时候才买肉；临终之前单位发工资多了七钱银子，都要退还回去才能瞑目。

敲黑板

梁云龙《海忠介公行状》记载，海瑞对妻子十分挑剔，“人之口实公者谓公此处认真太过，至六娶七娶”。经过“惟三而慎选”先后有三任妻子，两个侧室。长子海中砥，次子海中亮，都少年殇逝，晚年生子海中期，也三岁而殇。但海瑞有三个女儿，长适莲塘张筠，次适林知县子林岳，三适郡学生周维诚，都有不错的归宿。

《陋室铭》是唐代文学家刘禹锡的名作。

陋室铭/刘禹锡

山不在高，有仙则名。水不在深，有龙则灵。斯是陋室，惟吾德馨。苔痕上阶绿，草色入帘青。谈笑有鸿儒，往来无白丁。可以调素琴，阅金经。无丝竹之乱耳，无案牍之劳形。南阳诸葛庐，西蜀子云亭。孔子云：何陋之有？

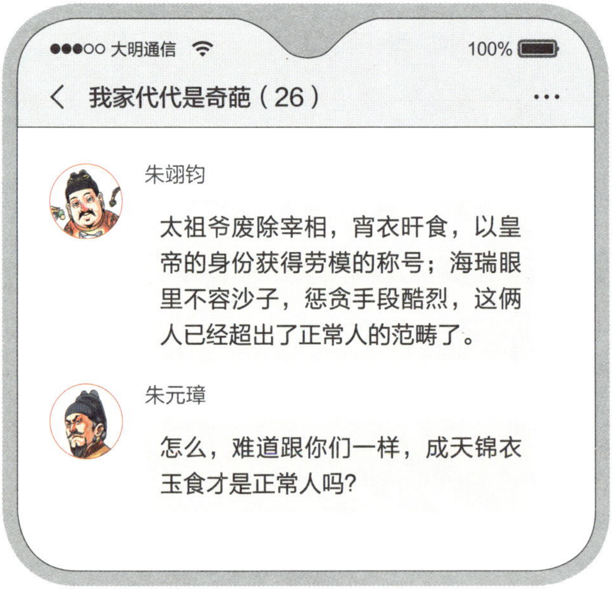

●●●○○ 大明通信　　100%

我家代代是奇葩（26）

海瑞

没事，太祖爷，谁敢在我面前锦衣玉食，我就恢复你的杖刑，打他们屁股！

朱载垕

难不成海瑞也有拍龙屁的一天？

海瑞

咱们大明的皇帝最爱廷杖折辱文臣，言官说点儿啥，屁股上就得少两斤肉！

朱高炽

我似乎发现了减肥新方法。

朱瞻基

爸爸，您这体质受不了这方法！

朱高炽

●●●○○ 大明通信　　100%

〈 我家代代是奇葩（26） …

海瑞

嘉靖为他妈上尊号“章圣慈仁皇太后”，廷杖打死有意见的大臣十六人。

朱厚熜

！！！

海瑞

万历国本之争，把所有干涉“私生活”的大臣全都打了个遍！

朱翊钧

！！！

海瑞

像嘉靖这种皇位是靠送的皇帝，我要是杨廷和，肯定会好好教导他！

朱厚熜

！！！

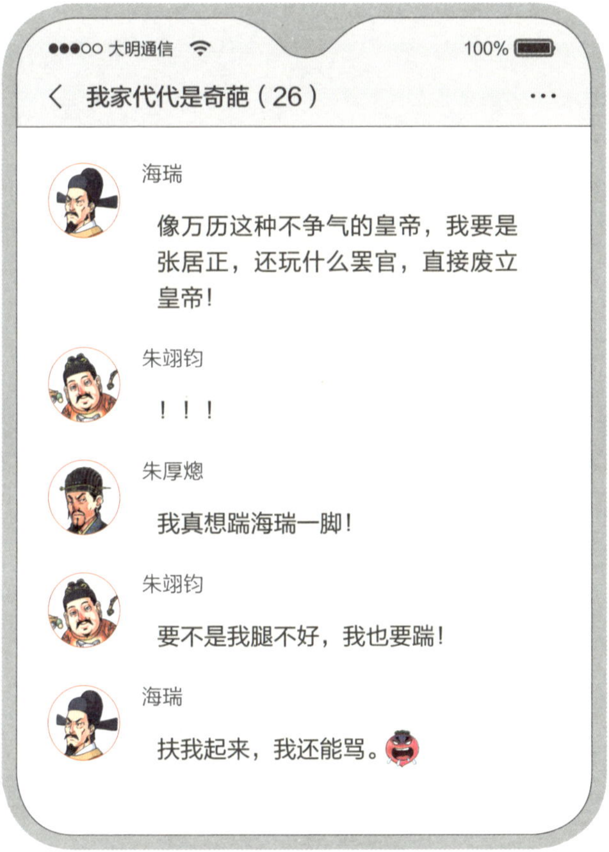

廷杖，顾名思义是在朝廷上对官员实施杖责，最早始于东汉明帝，《后汉纪》记载，“明帝时，

政严事峻，九卿皆鞭杖”。这项刑罚的使用至明朝达到鼎盛。明朝第一个受到廷杖的人是茹太素。茹太素写文章又臭又长，朱元璋每次看他的奏折都十分不耐烦，洪武八年（1375年）十二月，朱元璋以“虚词失实、巧文乱真，朕甚厌之”为罪名，将茹太素杖责。

玖

大明将星闪耀：

开国功臣徐达vs抗倭英雄戚继光

●●●○○ 大明通信　100%

我家代代是奇葩（26）

朱由校

@朱由检 弟弟，我有个问题想问你啊。

朱由检

难得啊，我哥竟然会思考正经事了。

朱由校

你啥意思啊?

朱由检

没事。哥，你问!

朱由校

如果那年清军入塞打到北京，你没上吊，而是被抓走了，大明会怎么样?

朱由检

？？？

●●●○○ 大明通信　　100%

我家代代是奇葩（26）

朱祁钰

咱们有一个被抓走的皇帝就够丢人的了，还想学大宋被抓走两个吗？

朱祁镇

“朱祁钰有病”这句话我已经说腻了！

朱祁钰

！！！

朱由崧

真要发生这种事，那我福王可以提前继位了。

朱由检

……

朱聿键

不可能，绝对不可能！

朱由检

你看，还是唐王挺我！

●●●○○ 大明通信　　100%

我家代代是奇葩（26）

朱聿键

因为皇太极明白，留着你比抓走你对大明的危害更大。

朱由检

……

朱聿键

对不住了，我这个人最大的毛病就是爱说大实话。

朱由检

我怎么危害大明了，你给我说清楚！

朱聿键

你骚操作多啊，不该打的仗你打，不该花的钱你花，不该换的人你换，像袁崇焕这种名将说杀就杀了，不是瞎折腾吗？

●●●○○ 大明通信
100%
我家代代是奇葩（26）
朱由检
要说危害大明的，肯定是那些文臣，他们的势力盘根错节，我想除都除不掉！
朱厚熜
要像我一样信赖武将！“太平待诏归来日，朕与先生解战袍”！
朱厚照
既然你这么喜欢武将，要不咱们来点提神的，比比战斗力怎么样？
朱允炆
论战斗力，我有李景隆。
朱祁钰
我有朱祁镇。
朱祁镇
我累了……

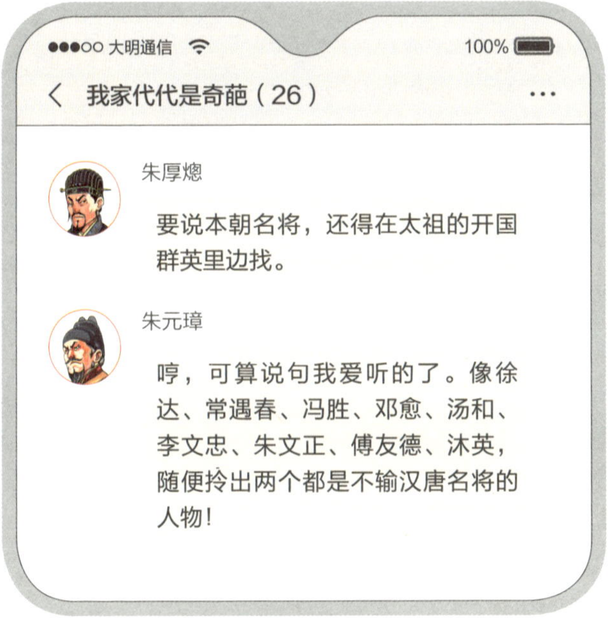

敲黑板

北宋长期与契丹族建立的辽国对峙，澶渊之盟后两国维持了上百年的和平。1115年，辽国境内的女真族独立建国，开创了金国，1125年灭辽后与宋朝接壤，1127年金军攻克北宋都城，北宋覆灭，宋钦宗与其父太上皇宋徽宗都被金军俘虏，因当时的年号为靖康，故史称靖康之变。

“太平待诏归来日，朕与先生解战袍”出自嘉靖帝朱厚熜的《送毛伯温》。毛伯温，字汝厉，号东塘，是明朝将领，这首诗是在嘉靖十九年（1540年）毛伯温出征安南时，朱厚熜为其壮行而作的。

送毛伯温/朱厚熜

大将南征胆气豪，腰横秋水雁翎刀。
风吹鼍鼓山河动，电闪旌旗日月高。
天上麒麟原有种，穴中蝼蚁岂能逃。
太平待诏归来日，朕与先生解战袍。

朱元璋提到的徐达等人都是明初著名将领。

徐达，字天德，长期担任朱元璋起义军的二号人物，1368年任征虏大将军，北伐中原，推翻元朝。

常遇春，字伯仁，号称“能将十万众，横行天下”，洪武二年（1369年）在北伐途中卒于军中，追封开平王。

冯胜，曾于洪武五年（1372年）征讨王保保之战时，在徐达、李文忠都未获胜的情况下斩获甚众，而后随军远征辽东。

邓愈，曾随朱元璋征战江南，攻克太平、集庆，转战浙西，屡败元军，明朝建立后招降吐蕃、乌斯藏诸部。

汤和，字鼎臣，在明朝建国的战争中屡立功勋，洪武年间巡视海防，使倭寇不得侵扰明朝海疆。

李文忠，朱元璋的外甥，明朝开国著名将领、谋臣，曾多次击败北元军队。

朱文正，朱元璋之侄，曾在洪都保卫战中抵挡陈友谅六十万大军的进攻。

傅友德，号称“每战必先士卒”，在明初的西南边陲立下了赫赫战功。

沐英，朱元璋养子，镇守滇南，安定边疆，其子孙世代镇守云南，与明朝相伴始终。

●●●○○ 大明通信　100%

我家代代是奇葩（27）

朱厚熜

我举贤不避亲，我嘉靖朝的戚继光也是种子选手。

朱元璋

戚继光？很牛吗？

朱厚熜

岳飞有岳家军，戚继光有戚家军，能以自己的名字命名军队的，恐怕整个历史上都没几个。

朱元璋

行！拉进来见见吧！

“朱厚熜”邀请“戚继光”加入群聊

戚继光

臣戚继光拜见各位大明皇帝。

朱元璋

那我也拉一个开国首功，老四的军事导师兼老丈人徐达大将军进群吧！

●●●○○ 大明通信　　100%

我家代代是奇葩（28）

“朱元璋”邀请“徐达”加入群聊

徐达

大哥，咱就是个替你打仗的，进这个群好像不太合适吧?

朱元璋

放下你的求生欲，进来坐会儿。

徐达

行，那咱就坐下唠一会儿。说错什么话，大哥你可不能生气啊。

朱元璋

放心，今天说什么都不会生气。

朱棣

对啊，岳父，您可是出将入相的人物，又是开国六公爵，就大胆发言吧！

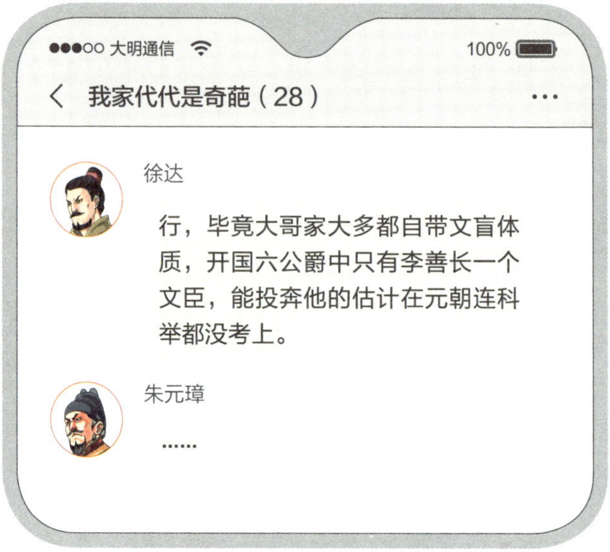

敲黑板

明太祖朱元璋建国后，对身边的重要文臣武将加以封赏，其中地位最显赫的就是六公爵：韩国公李善长、魏国公徐达、郑国公常茂、曹国公李文忠、宋国公冯胜、卫国公邓愈。

李善长在洪武二十三年（1390年）因胡惟庸案被追查，一家七十余口一并被处死。

徐达于洪武十八年（1385年）去世，追封中山王，谥号“武宁”，赠三世皆王爵，配享太庙。

常茂是开国名将常遇春长子，其荫父功，继承郑国公爵位。

李文忠一直深受朱元璋信任，洪武十二年（1379年）主持大都督府兼管国子监。洪武十七年（1384年）病逝后，追封岐阳王，谥“武靖”，配享太庙。李文忠之子即李景隆。

冯胜是郢国公冯国用的弟弟，洪武后期因言行不谨遭太祖猜忌，洪武二十八年（1395年）被无罪赐死。崇祯十七年（1644年）追封宁陵王，谥号“武壮”。

邓愈，去世较早，洪武十年（1377年）病逝于寿春，追封为宁河王，谥号“武顺”。

●●●○○ 大明通信　100%

我家代代是奇葩（28）

徐达

哎，大哥，我这么说你不生气吧？

朱元璋

不生气，不生气。

徐达

那我只好勉为其难，兼任个文臣之首了。哎，小戚怎么不敢说话？

戚继光

在这个群里，不是皇帝，就是圣人，武将比我名声大，文臣比我敢说话，卑微小戚，在线emo（忧伤）。

朱厚熜

你应该最有底气，因为你是打鬼子的！

戚继光

还好，没人拍我的“抗日神剧”！

●●●○○ 大明通信 100%

我家代代是奇葩（28）

朱厚照

听说你打鬼子用的是黑科技?

戚继光

那是大明矿工起义军发明的一种叫“狼筅”的兵器，一根竹子加几把弯刀，对付倭寇的兵器很实用，我就用来练鸳鸯阵打鬼子了。

朱厚熜

戚继光最厉害的是建军思想和练兵方略，他的“封侯非我意，但愿海波平”虽然没让全文背诵，但这两句在明粉圈也算家喻户晓了。

戚继光

抬爱了!

朱厚熜

还没夸完呢。他的《纪效新书》总结了在东南沿海平定倭寇的经验，吹一句我大明兵学名著绝对没有问题。

敲黑板

狼筅，亦称狼牙筅，原是明朝矿工起义军发明，后为戚继光借鉴吸收，并配置军旅，其械首为枪头，械杆上有数层刃形附枝，技击方法主要有拦、拿、挑、据、架、叉、构、挂、缠、铲、镗等。

鸳鸯阵，古代阵法之一，为明军抗击倭寇常用的战斗队形，由戚继光创立。冯梦龙曾记载："戚继光每以鸳鸯阵取胜。其法二牌平列，狼筅各跟随牌，每牌用长枪二枝夹之，短兵居后。"

"封侯非我意，但愿海波平"出自戚继光的《韬钤深处》。

韬钤深处/戚继光

小筑暂高枕，忧时旧有盟。呼樽来揖客，挥麈坐谈兵。

云护牙签满，星含宝剑横。封侯非我意，但愿海波平。

《戚少保年谱耆编》记载："嘉靖三十九年……春正月，创鸳鸯阵，著《纪效新书》。"《纪效新书》总结了戚继光在东南沿海抗倭多年的经验，内容具体实用，生动还原了明军训练和作战的特点，甚至在万历朝鲜战争时期仍发挥了重要的作用。

●●●○○ 大明通信　　　　100%

我家代代是奇葩（28）

朱元璋

我亲自前往开封，替他坐镇中军！

徐达

大哥威武！

朱翊钧

戚继光的成功，也离不开我“天子守国门”的背后支持。

朱由校

呵呵！

朱由检

呵呵！

朱聿键

你们南打鬼子，北击蒙古，万万没想到最后灭我大明的是清军！

朱由检

澄清一下，我是被李自成逼得上吊自杀的，清军在我在位的时候，根本打不进山海关。

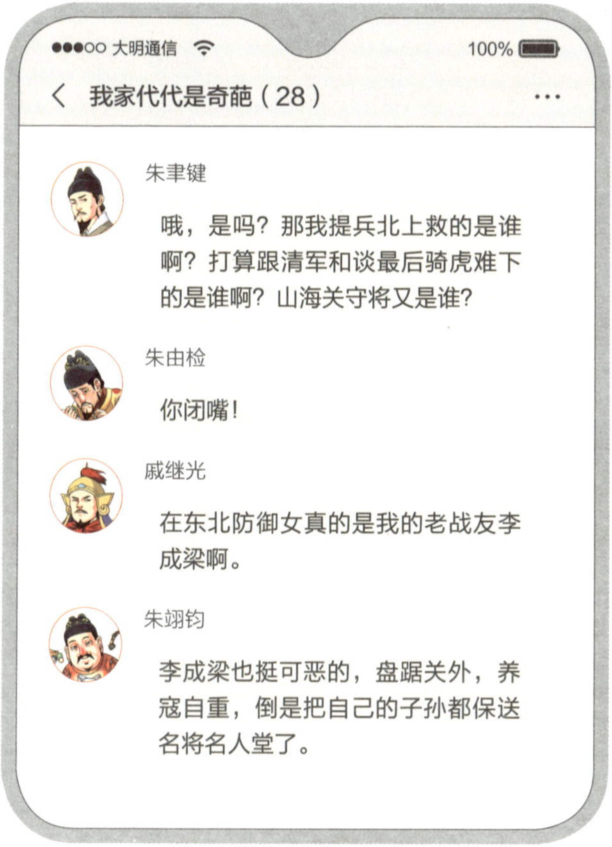

敲黑板

明朝后期重要将领李成梁的长子李如松曾以提督陕西讨逆军务总兵官出征，平定宁夏哱拜之乱，

后在平壤之战大破日军小西行长，万历二十五年（1597年），李如松出任辽东总兵，次年战死沙场，追封少保、宁远伯；次子李如柏曾出任铁岭卫都指挥佥事，累迁辽东总兵，后参加萨尔浒之战，兵败；五子李如梅曾出塞打击蒙古，援朝征日时担任御倭副总兵，参与蔚山之战，多有战功。

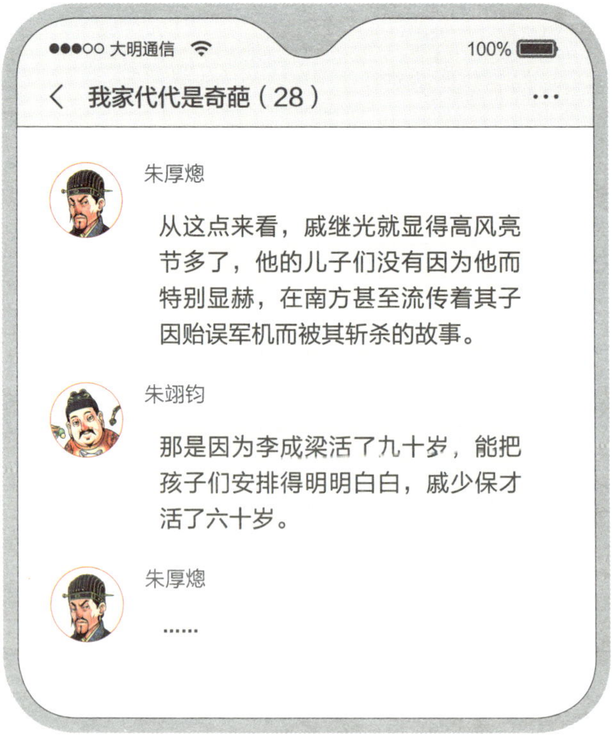

●●●○○ 大明通信 100%

我家代代是奇葩（28）

戚继光

虽然我的军官身份是继承祖先的，但我还是希望能用军功证明自己，李成梁虽然在关外养虎为患，但他的儿子李如松确实是大将之才。

朱翊钧

这我认可。李如松在宁夏之役中扬名西北，在平壤之战中大破倭奴，万历三大征他参与了两个！

徐达

咱们大明的后辈将领都挺优秀啊，这让我没想到。

朱元璋

老弟你北征蒙古，曾损失万人，这也让我没想到。

徐达

我打过的败仗也就这么一两次，你老挂在嘴上。

●●●○○ 大明通信 100%

我家代代是奇葩（28）

朱元璋

咋了，还不让说了？这么一两次，就注定了你没法跟卫青、霍去病比肩。

徐达

哭了，老夫一世英名被王保保毁了。

朱棣

但你有我这个既能治理好国家，又能带兵打仗的好女婿。

徐达

这点比你爸强，自从开国后，我就没见过他亲自上阵了。

朱元璋

老子忙着看奏章呢！再说有你们了，哪还用得到我御驾亲征！

徐达

唉，说好今天说啥都不气的啊！

明朝的《翦胜野闻》《龙兴慈记》等书，均有徐达是被朱元璋毒死的记载，《廿二史札记》也曾引用“徐达病疽，帝赐以蒸鹅，疽最忌鹅，达流涕食之，遂卒”的说法。但此说法经历代史学家评

判，被认为极不可靠，系民间传说。官修史书认为，徐达是在洪武十七年（1384年）北平留守时得了背疽，回南京后病逝，享年五十四岁。

尚食局在古代是负责供应皇家伙食的机构，包括司膳、司酝、司药等职能部门。初见于隋朝开皇初年，属门下省，唐朝属殿中省，在明代由尚膳监、光禄寺、尚食局同掌伙食。

拾

忠肝义胆于少保登场：

朱祁镇问心有愧，下罪己诏

●●●○○ 大明通信　100%

我家代代是奇葩（28）

朱厚照

咱们群里文臣两个，武将两个。就没一个文武双全、综合能力强一点的大臣进来吗?

朱厚熜

大臣有没有我不知道，群里文武双全的皇帝倒是挺多。

朱祁钰

比如朱祁镇！

朱祁镇

！！！

朱厚熜

我是认真的！

朱祁镇

？？？

朱厚熜

像永乐帝、宣德帝都是又能挥毫弄墨又能御驾亲征的。

●●●○○ 大明通信　　100%

我家代代是奇葩（28）

朱祁镇

……

朱元璋

怎么，是我不配？

徐达

大哥，你这文化水平就别说了，认识的那几个字还是我教你的。

朱元璋

你闭嘴，蒸鹅还没吃够哇？

徐达

吃，我继续吃。反正说我吃蒸鹅毒发的是野史！

朱祁镇

太祖爷戎马倥偬，文化一般很正常，成祖爷的文化水平，我有点怀疑。

●●●○○ 大明通信　　100%

我家代代是奇葩（28）

朱棣

嗯？？？

朱高炽

孙子，你怕是忘了《永乐大典》是谁修的了！

朱祁镇

我只是提出一点点质疑嘛！

朱棣

我个人文化水平不行的话，能主持国家文化工程？

朱祁钰

我大哥就是留学毕业了，属于毕业生进人才市场——没事找事。

朱祁镇

……

朱瞻基

要说能文能武的大臣我倒想起一个，我把他拉进来！

●●●○○ 大明通信　100%

我家代代是奇葩（29）

“朱瞻基”邀请“于谦”加入群聊

于谦

罪臣于谦叩见大明的列位皇帝。

朱瞻基

你有什么罪?

于谦

英宗复辟，有人诬陷我谋立襄王之子，英宗就把我给杀了!

朱祁镇

……

朱瞻基

就连隔壁的乾小四都知道，于谦是真忠烈，还给他题写了“丹心抗节”的匾额。朱祁镇，你糊涂啊。

朱棣

我看朱祁镇不是毕业生进市场，是生了锈的铁砧子——欠打。

●●●○○ 大明通信 100%

〈 我家代代是奇葩（29） ···

于谦

既然成祖爷发话了，那我就带个头！

朱祁镇

等一下，我有错，我有罪。我给自己下个罪己诏总可以了吧。

于谦

来吧！

朱祁镇

朕少年继位，承仁宣之治荣光，却在土木堡贻笑千古，宠信宦官，害死忠臣。朕愧之，悔之。故书此罪己之诏。群聊所言，皆朕之过，钦此。

敲黑板

🔊 于谦虽是文臣，但在土木堡之变后力挽狂澜，打赢北京保卫战，拯救明朝于危难之中。在明英宗复辟后，被石亨等人陷害而死。

🔊 襄王朱瞻墡是明仁宗朱高炽的第五子，明宣宗朱瞻基的亲弟弟，朱祁镇与朱祁钰的叔叔。土木堡之变发生后，有人提议由朱瞻墡继位为帝，朱瞻墡上书拒绝了。朱祁镇复位后，石亨等大臣诬陷于谦当初想迎立襄王之子为帝，英宗开始怀疑襄王朱瞻墡，后经辩白，英宗怀疑尽释，对襄王礼遇甚隆。

🔊 帝王在朝廷出问题、国家遭灾害、百姓处在水深火热中的时候，常常会下诏检讨自己的过失，如汉武帝的《轮台罪己诏》、唐宪宗元和三年（808年）罪己求雨等。明朝崇祯皇帝曾多次下罪己诏书，检讨自己的过失，用以安定人心。

●●●○○ 大明通信 100%

我家代代是奇葩（29）

朱元璋

嗯，能给自己下罪己诏，很好。要不你们有过错的也都来一个吧。@全体成员

朱祁钰

那我也来吧，其实我不把皇位还给大哥，确实是为了大明的安稳，但剥夺朱见深的太子之位，却是自己的私心。

朱见深

我增设西厂，迷信方术，干了太多当皇帝的不该干的事情。平定边疆叛乱处置失当，也曾犯下孟密之失。

朱祐樘

三代以下，称贤主者，汉文帝、宋仁宗与我明孝宗，但我自认虽然勤勤恳恳，仍未能革除大明积弊。

●●●○○ 大明通信　100%

我家代代是奇葩（29）

朱厚照

我生性贪玩，不服管束，我都认！要是能像我爸爸一样踏踏实实当皇帝，也不至于落得个稀里糊涂的结局。

朱厚熜

咳！不理朝政，迷信方士，浪费民力，南倭北虏，都是我的过错，要说大明之亡，实在是亡于嘉靖。

朱载坖

我将政事委任徐阶、高拱、张居正，重用谭纶、戚继光、王崇古等帅才，实现了隆庆开关和俺答封贡两件大事，但自己沉迷享乐，帝道不彰，落得个在后世名字都常被弄错的尴尬境地。

朱翊钧

我不该那么贪财，天下都是我的，我还抠抠搜搜的，实在有损帝王气概。

●●●○○ 大明通信 100%

我家代代是奇葩（29）

朱由校

我替我爸爸也说了，我俩确实啥正事都没干，我还沉迷木工，把烂摊子丢给崇祯。对整个大明的贡献，就是多了两个皇帝外加一个魏忠贤。

朱由检

我留给了世人一个大明王朝刚烈不屈的背影，但那又怎么样，说到底，我还是个失败的亡国之君。

朱由崧

我游戏人生，打崩了南明的大好开局。

朱聿键

我格局不大，在危难之时还想着争权夺利。

朱由榔

我总是寄希望于外人帮助，就没想过自强不息。

●●●○○ 大明通信　　100%

我家代代是奇葩（29）

朱高炽

我感觉我没什么错，错就错在锻炼身体太少，死得太早，没能替爸爸延续盛世的辉煌。

朱瞻基

那我的错就是死得更早了，让朱祁镇少年登基，年轻热血，没有把握好自己。

朱祁镇

……

朱棣

我也认个错，本来我文治武功远迈汉唐也算一段佳话，可惜对建文和他的一朝遗臣下手太狠了。

朱允炆

我年轻急躁，轻信文臣之言，自以为削藩为国，没想到身后骂名皆因骨肉相残。四叔，我错了。

●●●○○ 大明通信　100%

我家代代是奇葩（29）

朱棣

允炆，我的好侄儿！

朱元璋

好感人的画面，连我这个老人家都要哭了！

徐达

那大哥你有没有什么过错呢？

朱元璋

我拉你进来是为了让你大煞风景的吗？

徐达

你的子孙们都认错了，你不认一个就有点不礼貌了！

朱元璋

认就认！我又不是曹孟德，踩了麦田割发代首糊弄过关。

●●●○○ 大明通信　　100%

〈　我家代代是奇葩（29）　…

朱由校

小板凳已经发放，大家都拭目以待了！

朱元璋

老子告诉你们，天下太平都是我起早贪黑，废寝忘食干出来的。要说哪里做得不好呢，就是我非要把你们的事情都做完，当爹娘的还是应该给孩子自由发挥的空间，让你们因时而变，不必事事都遵循祖训，这样大明才可能长治久安！

朱棣

爸爸，我的好爸爸，你变了，你真的变了。

朱元璋

你滚一边去！

朱棣

……

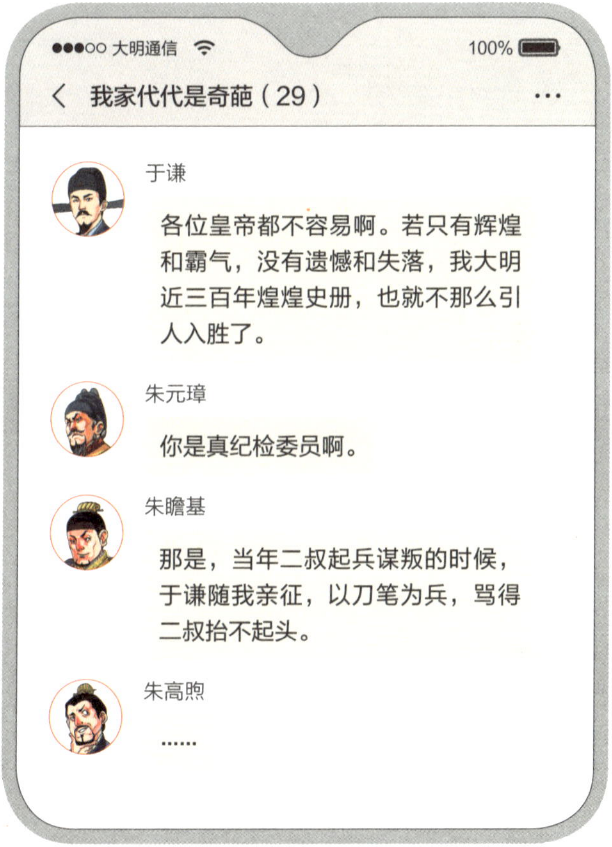

敲黑板

土木之变发生时，明英宗朱祁镇的长子朱见深还是个幼儿。皇太后为避免皇位危机，命立朱见深

为皇太子，立朱祁钰为帝。危机解除后，权力日渐巩固的朱祁钰就动了换立太子的心思。景泰三年（1452年）废朱见深皇太子之位，改封沂王。天顺元年（1457年），英宗复位，朱见深重新被立为皇太子。

《明史》记载了许多建文遗臣被朱棣问罪屠戮的惨状。“孝孺之死，宗族亲友前后坐诛者数百人，其门下士有以身殉者，卢原质、郑公智、林嘉猷，皆宁海人。”“周璿……不屈死，而大芳子顺童、道寿俱论诛，二孙死狱中。”

裴注《三国志》中引用《曹瞒传》的记载，说有一年曹操率军出征，经过麦田，为避免扰民，曾下令士卒行军要谨慎小心，踩坏了麦子将被处死。却未料到，曹操的马受惊踩踏了麦地，曹操于是找来主簿来论罪，主簿不敢以军法惩治曹操。曹操自己说：“制法而自犯之，何以帅下？然孤为军帅，不可自杀，请自刑。”于是割发代首，传看三军。

宣德元年（1426年），汉王朱高煦起兵谋叛，

于谦随明宣宗朱瞻基亲征。朱瞻基采取了正确的战术，迅速包围起兵之地乐安，朱高煦出降，于谦被任命为御史，历数朱高煦的罪行。朱高煦被骂得抬不起头，只得伏地战栗，自称万死。

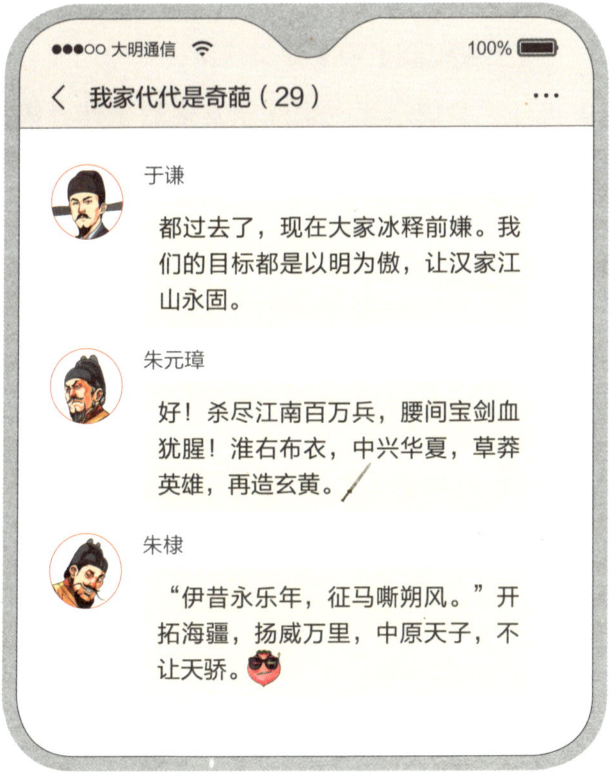

●●●○○ 大明通信　　100%

< 我家代代是奇葩（29）…

朱瞻基

缟衣纶巾湘中老，高歌取醉岳阳楼。与父同为仁君两代，千古留名盛世美谈。

朱祐樘

下情壅阏，不得上闻，上下间隔，虽有国而无国矣。亲民养士，不失古之贤君风采。

朱厚熜

农家万宝收成后，十里遥闻禾黍香。若是能休养生息，或可成就汉文遗德。

朱翊钧

“酒人睇视皆垂泪，乃是先朝万历钱。”留一个“仁恩浩荡，恭顺者无困不援；义武奋扬，跳梁者虽强必戮”的强悍背影！

●●●○○ 大明通信 100%

我家代代是奇葩（29）

朱由检

“天堑不矜衣带限，江流难刷降幡耻。”开局一个破碗，结局一根麻绳，屈膝苟活永远不是君王的归宿。

朱由榔

“三年羁旅客，今日又南冠。无限山河泪，谁言天地宽。”兴亡起落，旧朝遗恨，终归长河东流。

附　明朝趣味知识测试

全国统一卷2

1. 海瑞的《治安疏》是写给哪一位皇帝的?

A.万历帝　　B.嘉靖帝

C.成化帝　　D.隆庆帝

2. 下列选项中哪一件事不是明朝发生的?

A.国本之争　　B.北京保卫战

C.大礼议　　D.庆历新政

3. “西厂”是哪位明朝皇帝设立的?

A.朱见深　　B.朱祁镇

C.朱厚熜　　D.朱祐樘

4. 据《明史》记载，靖难之役后方孝孺的结局是什么?

A.被朱棣处死　　B.自焚而死

C.被流放　　D.被终身监禁

5. 哪部儒学作品记录了王阳明的言行?

A.《论语》　　B.《孝经》

C.《传习录》　　D.《朱子语类》

6. 明穆宗朱载坖登基后宣布解除海禁，允许私人进行海外贸易，史称?

A.隆庆开关　　B.隆庆改革

C.隆庆新规　　D.隆庆通商

7 以下军事著作为戚继光所创作的是？

A.《言兵事书》
B.《纪效新书》
C.《美芹十论》
D.《兵符节制》

8 明朝哪一位皇帝废除了殉葬制度？

A.明宪宗朱见深
B.明穆宗朱载坖
C.明神宗朱翊钧
D.明英宗朱祁镇

9 被朱元璋赞为“奇男子”的是谁？

A.徐达
B.王保保
C.陈友谅
D.张士诚

10 明朝在位时间最长的皇帝是谁？

A.朱厚熜
B.朱元璋
C.朱翊钧
D.朱见深

11 下面哪位明朝皇帝不是以嫡长子身份继位的？

A.明仁宗朱高炽
B.明宣宗朱瞻基
C.明武宗朱厚照
D.明思宗朱由检

12 如果你在一本历史题材漫画书中看到一个手拿刨子的皇帝的卡通形象，你觉得这个形象最有可能是以下哪位皇帝？

A.明光宗朱常洛
B.明熹宗朱由校
C.明武宗朱厚照
D.明仁宗朱高炽

13 朱祁钰的庙号“代宗”是谁给上的？

A.永历帝朱由榔
B.崇祯帝朱由检
C.隆武帝朱聿键
D.弘光帝朱由崧

14 古人也会“画饼”，曾给崇祯皇帝画过“五年平辽”之“饼”的是哪位将领？

A.李定国　　B.袁崇焕

C.孙承宗　　D.吴三桂

15 明朝哪一位皇帝差点死于宫女之手？

A.嘉靖帝　　B.成化帝

C.万历帝　　D.崇祯帝

16 下面几人中哪一位不是明朝的太监？

A.王振　　B.刘瑾

C.李连英　　D.魏忠贤

17 以下哪项不是发生在洪武年间的大案？

A.蓝玉案　　B.胡惟庸案

C.空印案　　D.妖书案

18 以下哪一场战争不是发生于明代？

A.北京保卫战　　B.雅克萨之战

C.萨尔浒之战　　D.万历朝鲜之役

19 以下年号中哪一个不是南明年号？

A.弘治　　B.永历

C.弘光　　D.绍武

20 下列哪位明朝皇帝没有带过兵打过仗？

A.洪武帝　　B.永乐帝

C.正德帝　　D.泰昌帝

正确答案及评分

1~10：BDAACABDBC

11~20：DBDBACDBAD

计分规则：每题5分，满分100分。

90—100分

获得称号： 天选之人

触发任务：

辅佐朱由崧建立南明政权，继续抗清大业。

75—85分

获得称号： 过目不忘

触发任务：

跟随王阳明学习心学。

60—70分

获得称号： 心猿意马

触发任务：

帮万历帝朱翊钧数钱。

0—55分

获得称号： 过目即忘

触发任务：

跟陈友谅一起出海捕鱼，但毫无收获。

致　谢

胥渡吧“古代帝王群聊”系列能够“出圈”，被无数观众喜爱，离不开每一位小伙伴的献声与出力。值此新书出版之际，我代表胥渡吧团队感谢大家的支持与付出。

配音组：

石泰铭	胥　渡	张子牙	许　鹏	仙　仙
小　蝶	魏奇玉	胡东方	不　懂	刘天赐
大　熊	王　度	益　达	薛屹楠	康振文
菲　儿	明烛天	五月龙	刘小芸	王志鹏
张三丰	孟　宪	小俏妞	小　林	大　亮
颖　东	明　儿	周　强	覃　勤	恩戴米恩

编制组：

胥　渡	仙　仙	孟天骄	韩子晨	张　欣

图书在版编目（CIP）数据

历史太好玩了！古代帝王群聊．明朝篇．2 / 胥渡著；姜东星绘．—哈尔滨：哈尔滨出版社，2023.8
ISBN 978-7-5484-7396-1

Ⅰ．①历… Ⅱ．①胥… ②姜… Ⅲ．①中国历史—明代—通俗读物②帝王—生平事迹—中国—明代 Ⅳ．①K209 ②K827=2

中国国家版本馆CIP数据核字（2023）第130333号

书　　名：历史太好玩了！——古代帝王群聊．明朝篇．2
LISHI TAI HAOWAN LE!——GUDAI DIWANG QUNLIAO. MINGCHAO PIAN. 2

作　　者：胥　渡　著　姜东星　绘
责任编辑：李维娜
封面设计：主语设计

出版发行：哈尔滨出版社（Harbin Publishing House）
社　　址：哈尔滨市香坊区泰山路82-9号　邮编：150090
经　　销：全国新华书店
印　　刷：嘉业印刷（天津）有限公司
网　　址：www.hrbcbs.com
E-mail：hrbcbs@yeah.net
编辑版权热线：（0451）87900271　87900272
销售热线：（0451）87900202　87900203

开　　本：880mm × 1230mm　1/32　印张：7.5　字数：140千字
版　　次：2023年8月第1版
印　　次：2023年8月第1次印刷
书　　号：ISBN 978-7-5484-7396-1
定　　价：55.00元

同济大学本科教学改革丛书

同济大学“三联动”人才培养体系改革论文集

单 烨 赵宪忠 主编

同济大学出版社
TONGJI UNIVERSITY PRESS
·上海·